Edelwald Hüttl
Jagd unter Afrikas Sonne

Edelwald Hüttl

Jagd
unter Afrikas
Sonne

Landbuch

Umschlagfoto: Fotoagentur Fritz Prenzel, Gröbenzell/München
alle übrigen vom Verfasser

Landbuch-Verlag GmbH, Hannover, 1981

Satz: Layout-Satz K.-K. Wäsch KG, Hannover
Farblithos: hc repro inter ag, Zürich/Schweiz
Druck und buchbinderische Verarbeitung:
Landbuch-Verlag GmbH, Hannover

ISBN 3 7842 0241 1

4

Inhaltsverzeichnis

Wildschutz in Afrika

Der Wildschutz zur Erhaltung der Tierwelt hatte seine Geburtsstunde im Jahre 1884, als man in Südafrika den „Krüger-Nationalpark" schuf, der mit 25 000 Quadratkilometern Fläche auch heute noch zu den berühmtesten Wildreservaten der Erde zählt. Dieser Schutzpark wurde zum Impuls für Afrika, so daß bis heute 159 Wildschutzgebiete mit über 500 000 Quadratkilometern entstanden.

Daß gerade Afrika zum Zentrum und Ausgangspunkt eines weltweiten Wildschutzes wurde, liegt in seinen geographischen Gegebenheiten. Die ungeheuren Ausmaße landschaftlicher Gebiete erlaubten es schon 1907, das größte Wildschutzgebiet Afrikas und der Welt, das „Etoscha-Reservat" mit 98 400 Quadratkilometern Ausdehnung, zu schaffen.

Vor allem Zentral-, Ost- und Südafrika hatten im Zusammenwirken von Wald, Wasser und Grasland die besten Voraussetzungen für die Entwicklung von Wildparadiesen. Hinzu kommt, daß seit Ende des zweiten Weltkrieges der Wildschutz einen neuen Schwerpunkt im Verhältnis Mensch – Tier schuf.

Um die Erhaltung der Natur und den Wildschutz international koordinieren zu können, wurde 1948 die „Internationale Union für die Erhaltung der Natur und der natürlichen Hilfsquellen" (IUCN) gegründet. 1961 entstand deren Schwesterorganisation „World Wildlife Fund" (WWF). Die

7

IUCN befaßt sich mit Fragen der Planung, Verwaltung, Gesetzgebung und Forschung. Der WWF besorgt die Öffentlichkeitsarbeit und die Beschaffung von Geldmitteln, um die vielfältigen Aufgaben erfüllen zu können.

Bei allem Bemühen des Menschen, die vorhandene Natur zu erhalten, die Zukunft der Wildarten zu sichern, ist es aber letztlich das Wild selbst, das durch seine unterschiedliche Lebensart, die Auswahl seiner Nahrung und seine durch Regen- und Trockenzeiten bedingten Wanderungen seinen Lebensraum ökologisch schützt. Allerdings nur so lange, wie der Mensch mit seinen Eingriffen das biologische Gleichgewicht nicht stört.

Die letzten Jahre und die Gegenwart zeigen leider, daß er es stört. Der Mensch scheint vergessen zu haben, daß man immer wieder überprüfen muß, ob die Zielsetzung noch mit den bestehenden Tatsachen übereinstimmt. Ist dies nicht der Fall, kann die „Wildschutz-Ideologie" fragwürdig werden.

Es beginnt mit der Unzulänglichkeit mancher Reservatsgrenzen. Viele Grenzen von Wildschutzgebieten scheinen auf dem Schreibtisch entstanden zu sein. Sie wurden ohne Rücksicht auf den Lebensrhythmus bestimmter Wildherden, die Weideverhältnisse und die Regenzeit gezogen. Da der Afrikaner den Kreislauf der Wildwanderung sehr genau kennt, werden die Herden beim Verlassen der Reservate durch Wilderer dezimiert. Dies um so mehr, als sich das Wild in den Schutzgebieten an den Menschen gewöhnt hat und ihn als Gefahr gar nicht kennt.

Das bittere Kapitel im Wildschutz ist indes die Überhege in Reservaten und deren Folgen in den Wildschutzgebieten. Wir Großwildjäger haben seit Jahren davor gewarnt. Doch

8

in einer grundsätzlichen Ablehnung der Jagd und Jäger nahm man die Warnungen nicht zur Kenntnis. Man versuchte im Gegenteil in nicht gerade fairer Weise, die Jäger als Urheber einstiger gewisser Wildgefährdung hinzustellen.

Dabei haben gerade Jäger in aller Welt bewiesen, daß das Wild nur durch eine vernünftige Hege und einen ebenso vernünftigen Abschuß erhalten werden kann. Sobald die Wilddichte nicht mehr im Einklang zur Ernährungsbasis steht oder das Verhältnis zwischen Beutetieren und Beutegreifern nicht mehr stimmt, ist Gefahr im Verzuge, sowohl für das Wild wie auch für die Biotope.

Die Entwicklung in Afrika gab den Warnungen recht. Es begann in Kenia. Die Regierung mußte sich zum Abschuß von dreitausend Elefanten entschließen, um die Ernährungsbasis für zehntausend andere Elefanten und das übrige Wild einigermaßen zu sichern. Unvernünftige Hege hatte zur Wildtragödie geführt. Ähnliches vollzog sich in anderen Wildreservaten. Daß von dieser Entwicklung auch das berühmte und älteste Wildreservat, der Krüger-Nationalpark in Südafrika, betroffen ist, unterstreicht das menschliche Versagen. Abgesehen davon, daß er – wie viele Reservate – mit Wild übervölkert ist, gab man dem Schutzgebiet eine Umzäunung, so daß kein Wild das Gefängnis verlassen kann. Aus diesem Grunde ist es besonders notwendig, in Abständen das „game cropping", die Wildtierernte, durchzuführen, wie man das menschliche „Eingreifen in den Wildlife-Slum" nennt.

Die Art und Weise, wie dies geschieht, ist erbärmlich. Ein Hubschrauber treibt die Elefantenherden eng zusammen, senkt sich tief herab, und dann knallt man ein Tier nach dem anderen ab. Es wird stets der gesamte Familienverband ein-

schließlich der Kälber abgeschossen, weil einzelne übrigge-
bliebene Tiere von anderen Elefantensippen nicht in die
Familie aufgenommen werden. Anderes Wild wird aus dem
Auto heraus mit Scheinwerfern bejagt. Kurzum, man ver-
wendet all jene scheußlichen Jagdmethoden, die sonst durch
Gesetz verboten sind. Das ist keine Jagd, das ist niedrigster
Tiermord!

Das Ergebnis spricht für sich selbst: Die jährliche durch-
schnittliche Strecke im Krügerpark beträgt 350 Elefanten
und 2 500 Kaffernbüffel. Dabei sei die Helikopter-Jagdlei-
stung von 23 Büffeln in einer knappen Stunde erwähnt.

Die Wildschutzbewegung trat mit der Forderung an, durch
die Schaffung von Reservaten die Wildarten zu retten.
Heute erklärt der Verwalter des Krüger-Nationalparks, De-
rek van Zyl: ,,Wir müssen die Tiere töten, um die Art zu erhalten.'' Wieviel Widersinn ist noch erforderlich, um die
wertvollen Bestrebungen des World Wildlife Fund ad ab-
surdum zu führen? Sollten die Alarmzeichen nicht dazu führen, das Problem Wildschutz neu zu überdenken? Sollte
nicht dringlich das Verhältnis von Wilddichte, Lebensraum
und Vegetationsbasis in den afrikanischen Reservaten
überprüft werden? Kann die Relation noch stimmen, wenn
im Serengeti-Nationalpark in einem Raum von 12 500 qkm
über eine Million Tiere leben? Kann sie noch stimmen, wenn
im Queen-Elisabeth-Nationalpark auf einer Fläche von
2 070 qkm 16 000 Flußpferde leben? Kann sie noch stimmen, wenn im Murchison-Nationalpark über 8 000 Elefanten einen Lebensraum von 3 100 qkm haben? Diese Fragen
könnte man fortsetzen.

Als Antwort sei die Verantwortung für das Wild und die Natur aufgerufen. Es kann nicht richtig sein, die Vermehrung

Spielerisch hakeln sich die beiden Elefanten an der Suhle.

des Wildes in einem Ausmaß zuzulassen, daß dabei die Natur gefährdet, wenn nicht gar zerstört wird. Wildreservate sollen und dürfen nicht Selbstzweck sein. Sie müssen der Erkenntnis gerecht werden, daß Quantität allein die Erhaltung der Wildarten nie sichern kann. Der Auftrag, den sich die „Internationale Union für die Erhaltung der Natur" (IUCN) selbst gegeben hat, muß wieder lebendiger gemacht werden. Die Forschungsabteilung dieser Organisation müßte die Faktoren gegenwärtiger ökologischer Gefahren untersuchen und entsprechende Maßnahmen ergreifen.

11

Vor Jahren löste der Ruf „Kein Platz für wilde Tiere" weltweites Echo aus. Er gab den Impuls für ein beispielloses Bemühen um die Erhaltung der herrlichen afrikanischen Tierwelt. Diesem Warnruf ist es zu danken, daß Afrika heute über einen ungeheuren Wildbestand verfügt und sich die einst gefährdeten Wildarten erholt haben.

Doch in der Euphorie dieser erfreulichen Entwicklung ließ man ökologische Gesetzmäßigkeiten außer acht. Dadurch ist der Warnruf „Kein Platz für wilde Tiere" neuerdings wieder aktuell, wenn auch in gegenteiliger Sinngebung seines einstigen Inhalts. Es scheint, als ob dieser Warnruf immer von neuem belebt werden muß, als ob er immer in irgendeiner Form seine Gültigkeit behält. Wir müssen ihn heute wie gestern hören, wenn es uns um das Wild und die Erhaltung der Natur ernst ist.

Die Wildschutzgebiete – Reservate Afrikas

Bestandsaufnahme 1979. Zahlen des Wildbestandes sind Schätzwerte. Größenangaben der Reservate sind abgerundete Zahlen.

Äthiopien:

Nationalpark: Bale Mountains
Wildreservate: Ras Dashan, Fantale, Harerge, 6 000 qkm, Abiata Shala, Maji.
Wildbestand: Löwe, Leopard, Serval, Zebra, Hyäne, Spitzmaulnashorn, Giraffe, Kudu, Büffel, Spießbock, Kuhantilope, Nyala, Warzenschwein.

Dahome (Benin):

Nationalparks: Pendjari, 9 900 qkm, W, 15 000 qkm (dieser erstreckt sich im Dreiländereck über Obervolta und Niger).

Elfenbeinküste:

Nationalparks: Bouna, 950 000 ha, Banco, 3 000 ha (Urwald), Komoe.
Wildreservate: Tai, 425 000 ha, Bingerville.
Wildbestand: Elefant, Büffel, Löwe, Leopard, Wasserbock, Flußpferd, Krokodil, Moorantilopen, Senegal-Hirschantilope, Bongo, Warzenschwein, Affenarten.

Gabun:

Nationalpark :	Wonga Wongue.
Wildreservate:	Lope, Loongo, Quenga.
Wildbestand:	Waldelefant, Rotbüffel, Gorilla, Fluß-pferd, Krokodil, Wasserbock, Sumpf-bock, Bongo.

Ghana:

Nationalpark:	Kujani, 10 800 qkm, Mole, 5 000 qkm.
Wildreservate:	Elefant, Büffel, Flußpferd, Krokodil,
Wildbestand:	verschiedene Großantilopen.

Das Kujani-Reservat ist zu 70% vom Voltasee eingeschlossen und beherbergt viele Arten von Wasser-Flugwild.

Kamerun:

Nationalparks:	Waza, 170 000 ha, Boubandjidah, 220 000 ha.
Wildreservate:	Daro und Dja.
Wildbestand:	Moorantilope, Leierantilope, Giraffe, Flußpferd, Wasserbock, Tschad-Ried-bock, Elefant, Löwe, Gepard, Warzen-schwein, verschiedene Gazellen, Büf-fel, Riesen-Elenantilope, Nigeria-Kuhantilope.

Kenia:

Nationalparks:	Mount Kenia, 590 qkm, Aberdare, 590 qkm, Nakurusee, 50 qkm, Nairobi, 114 qkm, Olorgeailie, Tsavo, 20 800 qkm, Gedi, Ost-Rudolfsee, Mount Elgon, Ol Doynya.

Eine besonders schöne Zeichnung hat die Netzgiraffe.
Auf ihrem Widerrist sitzen zwei Madenhacker.

| Wildreservate: | Marsabit, 2 100 qkm, Samburu – Uaso Nyiro, 360 qkm, Lambwe Valley, 260 qkm, Masai Mara, 640 qkm, Masai Amboseli, 3 250 qkm, Ngong, 1 160 qkm, Shimba Hills, 100 qkm, Maralal, Meru, 1 550 qkm. |
| Nationalreservat: | West Chyulu, 370 qkm. |

Wildbestand insgesamt mit unterschiedlichen Wildarten in den einzelnen Wildschutzgebieten und Nationalparks:

Elefant, Büffel, Netzgiraffe, Grevy-Zebra, Spitzmaulnashorn, Breitmaulnashorn, Warzenschwein, Kudu, Pferdeantilope, Kuhantilope, Wasserbock, Elenantilope, Säbelantilope, Gnu, verschiedene Großantilopen, Bongo, Buschbock, verschiedene Gazellenarten, Strauß, Flußpferd, Krokodil, Flamingo, Pelikan, Sattelstorch, verschiedenes anderes Wasser-Flugwild, Pavian, Meerkatze, Löwe, Leopard, Gepard.

Kongo:

Nationalpark:	d'Odzala.
Wildreservat:	Lefini.
Wildbestand:	Waldelefant, Rotbüffel, Flußpferd, Krokodil, Bongo, Sumpfbock, verschiedene Gazellenarten.

Mali:

| Nationalpark: | Baoule, 350 000 ha. |
| Wildreservate: | Fina, 136 000 ha, Badinko, 193 000 ha. Kongossombougou, 92 000 ha |

Wildbestand:	Pferdeantilope, Westafrikanische Kuhantilope, Defassa-Wasserbock, Senegal-Hirschantilope, Elenantilope, Büffel, Giraffe, Löwe, Leopard, Warzenschwein, verschiedene Gazellenarten.

Mosambik:

Nationalpark:	Gorongoza.
Wildbestand:	Elefant, Büffel, Lichtenstein-Kuhantilope, Moorantilope, Flußpferd, Krokodil.

Niger:

Wildreservat:	W, Im Dreiländereck Niger-Dahome-(Benin)-Obervolta gelegen.
Wildbestand:	Flußpferd, Krokodil, Sumpfantilope.

Nigeria:

Wildreservate:	Borgu, 14 000 qkm, Yankari.
Wildbestand:	Waldelefant, Büffel, Gepard, Leopard, Kuhantilope, verschiedene Gazellenarten.

Obervolta:

Nationalparks:	W, Bare, Po, Diapaga.
Wildreservate:	Baouna, Singou, Pama, Nabere, Bontioli.
Wildbestand:	Elefant, Büffel, Löwe, Wasserbock, Flußpferd, Krokodil, Sumpfantilopen.

Sambia:

Nationalpark:	Kafue, 8 650 Quadratmeilen.
Wildreservate:	Lunga, Luangwa Vallis, Weru Marsh, Sumbu, Lusensa, Isangana, Lorushi, Kasanka, Lukusinzi.
Wildbestand:	Elefant, Büffel, Leopard, Flußpferd, Krokodil, Zebra, Elenantilope, Wasserbock, Kudu, Pferdeantilope, Rappenantilope, Impala, Kuhantilope, Greisbock, Buschbock, Bleichböckchen, Sumpfbock, Gelbrückenducker, Warzenschwein.

Simbabwe:

Nationalparks:	Wankie, 5 400 Quadratmeilen, Sebakwa, 8 200 ha, Ngezi, 10 250 ha, Rhodes Motopos, Robert Mc Ilwaine, Rhodes Inyonga, Mushandike, Kyle Dam, Vumba, Chimanimani.
Wildreservate:	Chewore, Mana Pools, Urungwe, Chete, Chizarira, Victori Falls, Re-Zhou-Gona.
Wildbestand:	Elefant, Büffel, Giraffe, Zebra, Kudu, Elenantilope, Lichtensteins Kuhantilope, Wasserbock, Rappenantilope, Impala, Riedbock, Greisbock, Bleichböckchen, verschiedene Gazellenarten, Flußpferde, Krokodil, Schakal, Hyäne, Wildhund, Löwe, Leopard.

Wenn ein Elefant alarmiert und zum Angriff bereit ist,
stellt er die Ohren breit nach vorn.

Sudan:

Nationalparks:	Dinder, 12 000 qkm, Southern Park, Nimule.
Wildreservate:	Mongalla, Zeraf, Tokar, Bire Kpatuo, Fanyikang Island, Juba, Rahad, Shambe, Ashana, Numatina, Bengengai, Barizunga, Bodigeru, Sabaloka.
Wildbestand:	Elefant, Büffel, Giraffe, Riesenelenantilope, Großer Kudu, Leierantilope, Was-

19

serbock, Mendes-Antilope, Kuhantilope, Breitmaulnashorn, Spitzmaulnashorn, Riedbock, Nordafrikanischer
Spießbock, Moorantilope, Buschbock,
Dorcas-Gazelle, Afrikanische Dünen-
gazelle, Ostsudanesische Rotstirngazel-
le, Löwe.

Südafrika:

Nationalparks:	Krüger, 25 000 qkm (ältestes Wildre-servat gegr. 1884), Addo, 7 350 ha (ein-gezäunter Elefantenpark), Berg-Zebra, Kalahari Gemsbock, 9000 qkm, Bonte-bok.
Wildreservate:	Etoscha, 100 000 qkm (größtes der Welt), gegr. 1907, Kap-Provinz, Giants Castle, 20 000 ha, Umfolozi, 30 000 ha, Hluhluwe, 23 000 ha, Ndumu, 10 000 ha, Willem Pretorius, 10 00 ha, Mkuze, St. Lucia-See, Loskopdam.
Wildbestand:	Elefant, Büffel, Impala, Zebra, Bergze-bra, Weißbartgnu, Weißschwanzgnu, Streifengnu, Löwe, Leopard, Gepard, Flußpferd, Kudu, Warzenschwein, meh-rere Antilopenarten wie Pferdeantilope, Elenantilope, Rappenantilope, Nyal-Antilope, Südafrikanische Kuhantilope, Riedbock, Spießbock, Buschbock, Springbock, Ducker, Rehbock, Bleich-böckchen, Schakal, Breitmaulnashorn, Spitzmaulnashorn, Waran.

Wildschutzgebiet	Cap Cross, Küstenreservat am Atlantik nördl. von Swakopmund.
Wildbestand:	100 000 Bärenrobben.

Tansania:

Nationalparks:	Serengeti, 14 500 qkm, Lake Manyara, 320 qkm, Ngurdoto Krater, 50 qkm, Mikumi, 1 700 qkm, Ruaha, 22 000 qkm.
Wildreservate:	Tarangire, 1 400 qkm, Ngorongoro Krater, 8300 qkm, Kilimandscharo, 1 900 qkm, Mount Meru, 160 qkm, Mkomazi, 3 500 qkm, Selous, 30 000 qkm, Rungwa-Fluß, Katavi-Ebene, 1 900 qkm, Ugalla-Fluß, 4 500 qkm, Gombe-Strom, 180 qkm, Biharamulo, 1 170 qkm.
Wildbestand:	Elefant, Gnu, Büffel, Zebra, Nashorn, verschiedene Antilopenarten wie Rappen-, Pferde-, Moor-, Elen-, Leierantilope, Flamingo, Pelikan, Löwe, Leopard, Giraffe, Impala, Wasserbock, Warzenschwein, Flußpferd, Kudu, Weißbartgnu, Spießbock, Grant-Gazelle, Thomson-Gazelle, Krokodil, Pavian, Schimpanse.

Tschad:

Wildreservate:	Sinianka Minia, 310 000 ha , Zacouma, 297 200 ha, Kala Malone, Mandelia.

Wildbestand:	Elefant, Kaffernbüffel, Wasserbock, Lelwel-Kuhantilope, Elenantilope, Flußpferd, Krokodil, Löwe, Leopard, Gepard.

Togo:

Wildreservat:	Fazao.
Wildbestand:	sehr gering, Gazellen.

Uganda:

Nationalparks:	Königin Elisabeth, 2 070 qkm, Murchison-Wasserfall, 3 100 qkm (eröffnet 1952), Kidepo, 800 qkm (eröffnet 1962), Kazinga Kagera, Toro, Bokora Corridor, Pian Upe, Methemko.
Wildreservate:	Debasien, Kigezi (Gorilla-Schutzgebiet), Ajais (Schutzgebiet für Breitmaulnashorn), Zoka (Elefanten-Schutzgebiet).
Wildbestand:	Elefant, Flußpferd, Kaffernbüffel, Wasserbock, Impala, Lelwel-Kuhantilope, Jacksons-Kuhantilope, Leierantilope, Riedbock, Buschbock, Warzenschwein, Krokodil, Schimpanse, Pavian, Hyänenhund, Löwe, Giraffe, Uganda-Buschschwein, Bleichböckchen, verschiedene Gazellen- und Duckerarten, Spitzmaulnashorn, Zebra, Elenantilope, Pferdeantilope, Kleiner Kudu, Grant-Gazelle, Klippspringer, Strauß.

Ein solcher Schnapp-
schuß gelingt nur selten.
Es ist kaum zu
erkennen, wie die
beiden Giraffen
wirklich stehen.

Zaire:

Nationalparks:	Garamba, 8 000 qkm, Maiko, 12 000 qkm, Virunga, 14 000 qkm, Nkundo, 30 000 qkm.
Wildreservate:	Mufumpiro, Nyirogongo.
Wildbestand:	Elefant, Kaffernbüffel, Sudanbüffel, Flußpferd, Krokodil, Wasserbock, Sumpfantilope, Lelwel-Kuhantilope, Löwe, Leopard.

Zentralafrikanische Republik:

Nationalparks:	Ouandjia Vakaka, 31 000 qkm, Aouk-Aoukale, 23 000 qkm, Haute Kotto, 18 000 qkm, St. Floris, 5 000 qkm.
Wildreservate:	Nana Barya, Gribingui, Bamingui Bangoran, Vassako Bolo, Koukourou, Zemongo.
Wildbestand:	Elefant, Rotbüffel, Giraffe, Krokodil, Riesen-Elenantilope, Lelwel-Kuhantilope, Großer Kudu, Sumpfantilope, Leierantilope, Bongo, verschiedene Gazellen- und Duckerarten, Warzenschwein, Erdferkel, Gorilla, Pavian, Weißmantelaffe, Grüne Meerkatze, Gefleckte Hyäne, Löwe, Leopard, Gepard.

Wild und Jagd

Wenn man viele Jahre als Großwildjäger und Jagdführer im schwarzen Kontinent tätig war, und man in einer Rückbesinnung all die freudvollen und aufregenden jagdlichen Geschehnisse gleichsam ein zweites Mal durchlebt, drängt sich das Einst, das Heute und Morgen afrikanischer Großwildjagd auf.

Als ich beruflich meinen Wohnsitz in Zentralafrika nahm, war ich als alter Jäger voller Wünsche und Hoffnungen, bald Großwild bejagen zu können. Aber ich wollte nicht als „Grünhorn" beginnen, sondern mir erst in einer Selbstschulung das Wissen um die Belange der Jagd auf wehrhaftes Wild aneignen.

Nach kurzer Zeit fand ich einen jungen Burschen, der als hervorragender Fährtensucher bekannt und in dieser Eigenschaft einige Jahre ständiger Begleiter des berühmten Jagdführers Henri Quintard war. Er hieß Ballasida, war ein intelligenter prächtiger Kerl und jagdlich ein Phänomen. So zog ich mit ihm viele Monate durch Busch und Savanne, lernte afrikanisches Fährtensuchen und -lesen und übte mich im Ansprechen der einzelnen Wildarten.

Dabei wurde mir rasch klar, wie einfach es in unseren kultivierten Jagdräumen ist, Rehbock oder Hirsch zu beurteilen. In Afrika ist es schon schwierig, im Wildwuchs der Vegetationsfülle das Wild überhaupt auszumachen und noch schwieriger, es richtig anzusprechen. Das körperliche Bild afrikanischer Wildarten prägt sich erst nach vielen Begegnungen ein, die Tarnung des Wildes inmitten bunten Buschwerks oder dichter Hartgräser läßt kaum Konturen erkennen. Dazu kommt das Flimmern der heißen Luft, die Lichtgaukelei von hellen Sonnenflecken und dunklen Schatten. Das richtige Ansprechen des Wildes wird außerdem dadurch erschwert, daß bei einigen Antilopenarten nicht nur die Böcke, sondern auch die weiblichen Tiere Gehörne tragen: beim Büffel weist manche Büffelkuh eine stärkere Trophäe auf als der Bulle. Da das Erlegen von weiblichem Wild streng bestraft wird, muß man genau beurteilen, bevor die Kugel den Lauf verläßt. Ausnahmen sind nur erlaubt, wenn man von einem weiblichen Tier angegriffen wird.

Wie bei dem europäischen gibt es auch beim afrikanischen Wild Hinweise über die Nähe dieser oder jener Wildart. So wie sich in Europa Rehe durch Schrecklaute, Birk- und Auerwild durch Balzlaute verraten, hört man den Elefanten durch sein kullerndes Magengeräusch, den Büffel durch sein Blasen, Warzenschweine durch ihr Schmatzen. Wasserböcke machen sich durch ihren Moschusgeruch bemerkbar. Auffliegende Kuhreiher deuten auf nahe Büffel, Madenhacker auf Flußpferde und Krokodile hin. Pfeiflaute verraten junge Leoparden, und ein merkwürdiger Knoblauchgeruch weist auf die Riesenschlangen Python und Boa hin. Im Laufe meines praktischen Studiums lernte ich die einzelnen Wildarten genau kennen. Dieses Wissen war für meine späteren Jagderfolge Voraussetzung.

Es verging kaum ein Tag, an dem ich nicht Büffeln begegnete. Dabei lernte ich den Kaffernbüffel, den Savannen- oder

So riesig Elefanten auch sind, im Busch kann man sie oft nur schwer ausmachen. Vielfach hört man sie aber bereits von weitem.

Sudanbüffel und den kleineren Waldbüffel kennen. Der Kaffernbüffel ist der wuchtigste. Er erreicht ein Gewicht bis an die tausend Kilogramm, eine Schulterhöhe von 1,70 Meter und eine Körperlänge bis drei Meter. Bei alten Bullen stoßen die Hornwurzeln auf dem Haupt zusammen und bilden so einen mächtigen „Helm", der eine Auslage von 145 Zentimetern haben kann. Seine Färbung ist dunkelbraun bis blauschwarz.

Die Büffel wählen als Lebensraum Gelände mit Flüssen, Seen und Sumpf, denn sie brauchen täglich ihr Schlammbad in der Suhle. So friedlich Büffel aussehen, wenn sie als Herde weiden, so gefährlich sind sie, wenn sie sich gestört

27

oder bedroht fühlen. Dann sind sie geballte Kraft, sehr schneidig und schnell. Wenn sie angreifen, lassen sie nie vom Gegner ab, bevor er nicht getötet ist. Alljährlich finden viele Eingeborene den Tod durch Büffel, aber auch Jäger, wenn sie schlecht geschossen hatten.

Büffel bilden Herden bis an die tausend Tiere. Lediglich alte Büffel-Bullen sondern sich ab, schließen sich zu kleinen Trupps zusammen oder leben als gefährliche Einzelgänger. Diese Einzelgänger greifen fast immer an. Dabei rasen sie nur selten direkt auf den Menschen los, sondern beschreiben einen Halbkreis und nehmen den vermeintlichen Feind von rückwärts an. Am gefährlichsten ist ein angeschossener Büffel. Waidwund verbirgt er sich, um sich plötzlich auf diejenigen zu stürzen, die ihn suchen. Mit dem ,,Helm'' schlägt er alles nieder und trampelt, bis sich nichts mehr rührt. Ist die Kugel nicht an einer tödlichen Stelle angetragen, bedarf es mehrerer Schüsse, um den Büffel kampfunfähig zu machen. Nicht umsonst lautet ein afrikanisches Sprichwort: ,,Ein Büffel ist erst dann tot, wenn man ihn schon gegessen hat.''

Vögel begleiten dieses wehrhafte Wild und wirken als Betreuer und Aufpasser. Madenhacker, bunte Glanzstare und weiße Kuhreiher spazieren auf den Büffelrücken und picken aus dem Kurzhaar Ungeziefer aller Art. Aufmerksam entdecken sie schon auf große Entfernung jede Bewegung und warnen den Büffel durch hastiges Auffliegen.

Für den Büffeljäger ist Rundum-Beobachtung lebenswichtig. Während die Herde ziehend äst, führen an der Spitze alte erfahrene Büffelkühe. Seitlich abgesetzt bewegen sich nichtäsende junge neugierige Tiere, während am Schluß die alten Bullen marschieren. Beginnt der Leitbulle mit einem Aufgalopp, schließt sich die Herde in breiter Front an. Wenn sich die Masse der Tiere gegen den Jäger bewegt, muß der Leitbulle mit einem sicheren Schuß gestreckt werden. Geschieht dies, rast die Herde in alle Richtungen davon, anderenfalls wird alles umgerannt. Büffeljagd ist darum die erregendste Jagd auf wehrhaftes Wild. Sie verlangt jagdliches Können und gute Nerven.

Unvergeßlich bleibt mir die vielfache Begegnung mit dem „König der Tiere", dem Löwen. Ich traf immer nur im übersichtlichen Gelände mit ihm zusammen, konnte ihn beobachten und ihn im Auftrag von Instituten bejagen. Insgesamt mußte ich feststellen, daß das Verhalten des männlichen Löwen, also des „Königs", gar nicht so königlich ist.

Ein ausgewachsener männlicher Löwe kann ein Gewicht von 350 kg erreichen. Seine kräftigen Pranken mit scharfen Krallen und sein starkes Gebiß sind für die Jagd auf Großwild geschaffen. Die Beute der Löwen sind überwiegend Zebras, Antilopen, Jungbüffel und auch Giraffen. Sie jagen jedoch nur, wenn sie hungrig sind. Meist legen sie sich an Wasserstellen auf die Lauer und springen ihr Opfer an. Sie packen es mit den Pranken am Kopf, reißen es zu Boden und beißen die Halsschlagader durch. Überwiegend jagen die Löwinnen, während die „Herren" das Wild ablenken. Wenn Löwen jedoch eine Herde verfolgen, sind Jungtiere als Treiber tätig, während die „Männer" die Herde in Richtung der Löwinnen drücken. Diese springen dann wie auf Kommando einzeln ziehende Tiere an und reißen sie. Die Beute wird anschließend zu einem schattigen Platz geschleppt und verzehrt. Dabei kommt das wenig königliche Verhalten der männlichen Löwen zum Ausdruck. Sie nehmen sich nämlich das Recht, sich als erste den Magen zu füllen. Was bleibt, gehört dann den Löwinnen und Jungen. In der Paarungszeit kommt es häufig zu harten Kämpfen um die Gunst der Weibchen.

Eine Löwin bringt nach einer Tragezeit von etwa 14 Wochen zwei bis drei Junge zur Welt. Solange die Löwenmütter Junge führen, sind sie gefährlich und angriffslustig. Im fünften Jahr wächst den männlichen Löwen die Mähne und die schwarze Schwanzquaste, in deren Mitte sich eine Hornspitze befindet.

Für die Eingeborenen sind vor allem alte Löwen gefährlich, deren Gebiß schon schlecht ist und die körperlich in schlechter Verfassung sind, so daß sie sich nicht mehr an der Beutejagd beteiligen können. Sie dringen in Dörfer ein, töten als leichte Beute Ziegen und Hunde und werden sogar oft zu „Menschenfressern". Ein Löwenpaar reißt wöchentlich etwa zwei Stück Großwild, wenn es Junge führt, das doppelte. Da überwiegend schwaches oder krankes Wild gerissen wird, erfüllt der Löwe eine besondere Aufgabe.

Neben wenigen alten Einzelgängern erlebte ich Löwen meist im Familienrudel in fest begrenzten Jagdgründen, die bis zu 300 qkm groß sein können. Als einzige brüllende Großkatze gibt der männliche Löwe mit Stoßlauten kund, wo sein Herrschaftsbereich beginnt. Dringt ein fremder Löwe ein, wird er im Kampf vertrieben. Im Familienverband selbst teilen sich die Löwenmänner die vorhandenen Weibchen. Oft kommt es vor, daß männliche Junglöwen im Alter von zwei bis drei Jahren von ihren Vätern vertrieben werden. Sie müssen dann bei anderen Rudeln den Einstand versuchen.

Wenn Löwen miteinander kämpfen, tun sie dies mit letztem Einsatz. Ich war einmal Zeuge einer solchen Auseinandersetzung, bei der einer der Kämpfer an seinen Wunden ver-

Bei alten Bullen stoßen die Hörner an der Basis zusammen und bilden einen mächtigen Helm. Büffel brauchen ein tägliches Schlammbad.

endete. Es soll sogar vorgekommen sein, daß beide Kämpfer an Blutverlust eingingen. Bei einem großen Rudel (bis zu zwanzig Tiere) kann man eine Art Rangordnung feststellen. Da kämpfen die männlichen Löwen um höhere Führungsplätze, und die Löwinnen versuchen einen oberen Platz in der Gunst des Rudelführers zu erringen.

Das Familienleben der Löwen wird ausschließlich von den Muttertieren gestaltet. Sie teilen sich die Arbeit. Während eine Gruppe von Löwinnen die Beutejagd übernimmt, kümmert sich eine andere um die Löwenkinder. Da den Löwen, wie unseren Hauskatzen, das jagdliche Können nicht angeboren ist, lernen die Jungtiere an halb lebenden Beutetieren das Fangen. Erst später dürfen sie an der Jagd als

31

Treiber teilnehmen und lernen dann von der Mutter das Reißen des Wildes.

Sind die Mägen eines Rudels gefüllt, lagert es träge und dösend in Baumschatten. Nur im Queen-Elisabeth-Nationalpark und im Lake-Manyara-Park gibt es eine besondere Eigenart. Dort schlafen viele Löwen in den Astgabeln der Bäume.

Der „König der Tiere" gab mir immer wieder Gelegenheit, sein Familienleben und seine Verhaltensweise zu beobachten, beim Leoparden indes war dies nur selten und flüchtig der Fall.

Der Leopard, wohl die eleganteste aller wilden Großkatzen, lebt einzeln und kann deshalb nicht wie ein Löwenrudel auffallen. Er bevorzugt Baumsavannen und Wälder, sucht seinen Stammplatz in der Nähe von Wasser und wählt seinen Liegeplatz auf Bäumen, wo er ungestört ruhen und beobachten kann. Sein Gewicht beträgt 60 bis 70 kg.

Die Zeichnung seines Felles mit Ringen und dunklen Flekken tarnt so hervorragend, daß man ihn nur selten in Ruhestellung entdecken kann. Die Fellfärbung ist sehr verschieden; ich sah hellgelbe, rötlich braune und fast schwarze. Ebenso unterschiedlich ist das Fellhaar. In den Savannen ist es ganz kurz und seidig glänzend, im Bergland wiederum lang mit wolligem Grundhaar.

Da die Krallen des Leoparden einziehbar sind, haben sie eine besondere Schärfe, eine Voraussetzung für gutes Klettern. Ich erlebte einmal, wie ein ausgewachsener Leopard einen Colobusaffen bis in die äußersten Baumspitzen verfolgte. Er kletterte, sprang von Ast zu Ast, als wäre er in den Baumwipfeln zu Hause. Die Jagd ging über mehrere Bäume

Eine satte Löwenfamilie ruht im Baumschatten aus.
Irgend etwas hat ihre Aufmerksamkeit erregt.

hinweg, bis er den Affen eingeholt hatte und mit einem Biß tötete.

Der Leopard verläßt tagsüber nur selten seinen Baum-Liegeplatz und Ansitz. Nur wenn Gazellen oder kleine Antilopen in Baumnähe zu Wasser ziehen, springt er mit weitem Satz vom Baum und tötet mit einem raschen Biß ins Genick. Dann schleppt er die Beute, die oft seinem Eigengewicht entspricht, zum Liegebaum und bringt sie mit einem Sprung auf seinen Liegeplatz. Dort klemmt er sie in eine Astgabel und hat sie nun vor Löwen und Hyänen in Sicherheit gebracht.

Wenn es Nacht wird, unternimmt der Leopard weite Streifzüge. Dabei benützt er häufig Pisten und Trampelpfade, bis er frische Wittrung erhält. Dann holt er sich seine Lieblingsspeise, Paviane, von ihren Schlafbäumen, weil diese nachts fast nicht sehen können. Tagsüber wagt es ein Leopard selten, einen Pavian zu jagen, denn dieser hat längere Reißzähne als er selbst und ist im Kampf ein gefährlicher Gegner.

Daß Leoparden besonders beutelüstern sind, fand ich immer wieder bestätigt. Ich entdeckte auf Liegebäumen bis zu fünf Stück Wild abgelegt. Liegebäume zu erkennen ist nicht schwer, denn das wiederholte Hochklettern der Raubkatze am Stamm hinterläßt in der Rinde lange tiefe Risse von den scharfen Krallen. Ältere schwache Leoparden ziehen bequemere Beutebeschaffung vor. Sie schleichen nachts in Dörfer und holen sich Ziegen, Schafe und Hunde. Die Eingeborenen fürchten und hassen den Leoparden und stellen ihm mit Fallen und Giftködern nach. Besonders gefährlich sind Leopardenweibchen mit Jungtieren. Sie greifen bei einer Begegnung mit Menschen sofort an. Darum rennen Eingeborene wie um ihr Leben ins Dorf, wenn sie das „Pfeifen" junger Leopardenkätzchen hören. Sie wissen, die Mutter ist dann nicht weit.

Neben Löwe und Leopard konnte ich oft den Geparden beobachten. Er liebt wie der Löwe weithin überschaubares Gelände und lebt daher in der Savanne und der Steppe. Er wirkt sehr hochbeinig, hat einen langgestreckten Körper und einen verhältnismäßig kleinen Kopf. Er ist auf kurze Strecken das schnellste Tier unserer Erde. Beim Jagdangriff erreicht er eine Geschwindigkeit von über hundert Stundenkilometern, dieses Tempo hält er jedoch nicht lange durch. Der Gepard ist wie der Leopard Einzelgänger, wenngleich man oft Pärchen antrifft. Deshalb gibt es wie beim Leoparden keine Kämpfe untereinander um die Gunst der Weibchen oder um Jagdgründe. Während sich der Leopardenmann noch teilweise an der Betreuung der Jungen beteiligt, ist der Gepard gleichsam familienfaul. Das Gepardenweibchen muß sich allein um die Kinder kümmern. Es wirft bis zu 5 Junge. Sobald die Kleinen Fleisch fressen, muß die Mutter ihren Nachwuchs zeitweise allein lassen, um Beute zu schlagen. So kommt es häufig vor, daß Junggeparde Opfer anderer Raubtiere werden.

Mehrmals hatte ich Gelegenheit, einen Geparden bei der Jagd zu beobachten. Einmal ästen fünf Impalas auf einer großen Savannenfläche, die nur von einzelnen kleinen Baumgruppen durchsetzt war. Ich stand im Schatten einer solchen Gruppe und beobachtete das Wild mit dem Glas. Plötzlich entdeckte ich einen Geparden, der sich flach an den Boden gepreßt an die Impalas heranrobbte. Es war erstaunlich, wie zeitlupenhaft sich diese Katze über die völlig deckungslose Fläche den Tieren näherte. Erst als er bereits auf weniger als zwanzig Meter heran war, warfen die Impalas auf und sprangen ab. Gleichzeitig sprang der Gepard auf und jagte hinterher. Mit wenigen Sätzen überholte er die flüchtenden Antilopen, wendete plötzlich und sprang einen jungen Bock an. Mit Prankenschlägen warf er ihn zu Boden und verbiß sich in der Kehle. Einige Minuten verharrte er in diesem Würgebiß. Das Schlegeln des Bockes wurde langsamer und endete. Die Beute war tot.

Nun schleppte der Gepard den Bock in den Schatten einer nahen Baumgruppe, riß den Bauch auf und verzehrte die Eingeweide. Erst als er allen Schweiß aus der Bauchhöhle

Tagsüber ruht der Leopard auf einem Baum. Auf diesen Liegeplatz
zieht er auch seine Beute und klemmt sie dort in eine Astgabel.

geleckt hatte, begann er das Fleisch zu fressen. Als er etwa
die Hälfte des Bockes verzehrt hatte, legte er sich mit prallem
Bauch in den Schatten.

Der Gepard ist die einzige Raubkatze, die ihr Opfer mit einem
Würgebiß tötet. Er muß diese Tötungsart wählen, weil
seine Beißkraft nicht ausreicht, um der Beute das Genick zu
brechen. Bereits die alten Perser und Ägypter zähmten den
Geparden und richteten ihn für die Jagd ab. Er ist die einzige
Raubkatze, die sich dem Menschen anschließt. Ich selbst
habe sowohl Leoparden als auch Geparden im Alter von
wenigen Wochen gefangen, sie aufgezogen und gezähmt. Sie
wurden zimmerrein, leinenführig und waren auch Fremden
gegenüber ganz zahm. Echte Zuneigung indes bewies mir
nur der Gepard. Er hing an mir, und wir waren unzertrennlich.
Für den einjährigen Leoparden war ich mehr
Respektsperson. Er äußerte zwar auch seine Zuneigung,
aber es blieb stets eine gewisse Distanz.

Wann immer ich bei meinen Fahrten an Flüsse oder Seen kam, legte ich meine „Flußpferdpause" ein. Das heißt, ich suchte mir einen gut gedeckten Uferplatz, um die bis zu zwei Tonnen schweren Kolosse beobachten zu können, ohne sie zu stören. Trotz ihres plumpen unförmigen Körpers sind sie ausgezeichnete Schwimmer und vermögen an Land sehr schnell zu laufen. Wenn sie im Wasser liegen, ragen nur die vorstehenden Augen, die verschließbaren Nasenlöcher und die kleinen Ohren heraus. Sie schlafen gerne im tiefen Wasser, und ein besonderes Organ ihres Körpers läßt sie etwa

Aufmerksam lauert die gefleckte Katze auf Beute. Leoparden sind Einzelgänger.

alle fünf Minuten zum Luftholen an die Wasseroberfläche schweben, um sie dann ebenso automatisch wieder absinken zu lassen. Nachts wandern sie große Strecken über Land und zerstören dabei leider viel von der Vegetation, weil sie beim Äsen das Gras mitsamt der Wurzel herausreißen. Flußpferde vermehren sich sehr stark. Eine Flußpferdmutter wirft nach etwa 8 Monaten Tragzeit ein Junges.

Bei einer meiner Flußpferdpausen konnte ich Brunftkämpfe beobachten. Mindestens fünfzig dieser Speckriesen tauchten auf und ab, das Wasser brodelte und spritzte hoch auf. Zwei gewaltige Bullen gingen mit schauerlichem Gebrüll und weit aufgerissenen Mäulern aufeinander los, drückten sich unter Wasser, tauchten brüllend wieder auf. Bis zu mir drang das Krachen ihrer gewaltigen Hauer, und im Doppelglas wurden große Wunden sichtbar, die sie sich schlugen. Die anderen Tiere ringsum beteiligten sich nur als interessierte Zuschauer. Einige Mütter trugen ihr Junges auf dem Rücken, als wollten sie ihnen ein besseres Zusehen ermöglichen. Nach längerem Kampf tauchte einer der Bullen unter und flüchtete. Doch der andere folgte ihm, und ich konnte lange den Flucht- und Verfolgungsweg an den aufsteigenden Luftblasen erkennen. Die Flußpferddamen, deretwegen der Kampf getobt hatte, beruhigten sich und lagen wieder träge im Wasser. Auch sie sperrten ab und zu ihr Maul weit auf. Doch nicht, um Kampfeslust anzuzeigen, sondern um grunzend ihre Verdauungsgase zu entlassen.

Ich blieb bis zum Sonnenuntergang am Ufer und sah mir den Beginn des nächtlichen Äsungsmarsches an. Dicht gedrängt verließen die Tiere das Wasser in einem tiefen Graben, den sie durch ihr Tonnengewicht getreten hatten. Auf einem breiten, ausgetretenen Wechsel verschwanden sie in der Dämmerung.

Ich hatte mein Zelt nahe am Ufer errichtet, hoffte ich doch, am kommenden Morgen Elefanten beim Bad beobachten zu können. Und so kam es auch.

Es war noch dunkel, als ich aus den nahen Moortümpeln lautes Klatschen hörte. Elefanten suhlten im Schlamm. Der Wind stand gut, und als es, wie immer in diesen Breiten, jäh Tag wurde, zogen elf Dickhäuter zum Fluß. Wenn man sie so ziehen sieht, meint man, sie gingen ganz langsam. In Wirklichkeit sind sie mit etwa sieben Kilometer Normalschritt-Tempo immerhin drei Stundenkilometer schneller als der Mensch.

Voran schritt ein gewaltiger Bulle, die Riesenohren immer wieder breitstellend, mit dem Rüssel nach Wittrung fingernd. Er mochte über sechs Tonnen Gewicht haben und war etwa vier Meter hoch. Die Kolosse, die da an mir vorbeizogen, waren Savannenelefanten. Im Paßgang setzten sie ihre starken Beinsäulen in den sandigen Boden. Sie haben an den vorderen Füßen vier, an den hinteren drei Zehen. Es gibt kein Gelände, das sie nicht überwinden. Ihre Fußsohlen sind wie ein elastisches Polster, das sich bei Belastung breitdrückt und so tiefes Einsinken im Sumpf verhindert.

Die Riesen erreichten die steile Böschung, stemmten die Vordersäulen gestreckt nach vorne und schleiften die Hintersäulen als Bremse nach. Das Rutschen zum Wasser schien ihnen Spaß zu machen, denn einige Jungtiere gaben fröhliche Trompetenstöße von sich. Im Wasser angelangt, wälzten sie sich, um die Schlammkrusten loszuwerden, die vom Suhlen ihren Körper bedeckten. Jetzt übernahm der Rüssel seine Aufgabe als Dusche. Mit einem Ansaugen übernimmt er etwa sechs Liter Wasser, das er zum Trinken ins Maul spritzt oder zum Waschen über den Rücken duscht. Der

Schläfrig dösen Flußpferde im Wasser, nur der obere Kopfteil
ragt über die Wasseroberfläche hinaus.

Rüssel ist zudem ein hochentwickeltes Riechorgan, das bei
Witterung von Menschen oder Raubtieren senkrecht in die
Luft gestreckt wird. Die bewegliche Spitze ist ein empfindli-
ches Tastorgan und zudem eine muskelstarke Waffe.

So ausgezeichnet das Riechvermögen und das Gehör sind,
so schlecht sieht der Elefant. Seine Lebenserwartung kann
man mit der des Menschen vergleichen. Die Geschlechtsreife ist mit 20 Jahren erreicht. Die Tragezeit der Elefanten-
kuh dauert 20 bis 22 Monate. Zwei Jahre lang saugt das
Jungtier die Muttermilch und steht unter dem Schutz der
ganzen Herde.

Gerade bei dem Bild vor mir konnte ich dieses Umsorgen
beobachten. Ein kaum einjähriges Elefantenkind wollte sich
immer wieder von der kleinen Herde absetzen, um sich neugierig die Gegend anzusehen. Aber sofort verhinderten dies

einige Alttiere und drückten und schoben den kleinen Kerl in ihre Mitte.

Das Morgenbad wurde beendet, die Herde verließ den Fluß. Der Leitbulle hatte gewaltige Stoßzähne, die nicht nur Waffe, sondern auch Werkzeug sind. Mit ihnen löst er die dicke Rinde bestimmter Bäume, die er gerne frißt. In den Salinen schlägt er damit den salzhaltigen Sand heraus. Die Stoßzähne der etwas kleineren Kühe sind fast immer dünner und auch kürzer.

Die Dickhäuter sind an sich friedliche Tiere und haben dank ihrer Körpermasse keinen Feind – außer dem Menschen.

Ein Elefant hat gerade sein Morgenbad beendet.

Wenn sie diesen wittern, setzen sie sich geräuschlos ab. Treffen sie jedoch unvorbereitet auf Menschen oder führen sie Junge, greifen sie an. So mancher Eingeborene und Jäger verlor dabei das Leben. Tagsüber verbringen Elefanten die Zeit dösend in Baumschatten. In der Nacht ziehen sie zu den Salinen und Suhlen, um bei Sonnenaufgang ihr Bad zu nehmen. Als Nahrung bevorzugen sie bestimmte Blattarten und Zweige, sie brauchen täglich etwa sechs Zentner Nahrung und bis zu 200 Liter Wasser. Es gehört zur Art der Elefanten, ein Vielfaches ihres Nahrungsbedarfes mutwillig, spielerisch zu vernichten. Oft werfen sie einen ganzen Baum um, bloß um ein Maul voll Blätter vom Wipfel zu bekommen.

Die kleine Herde bummelte oberhalb der Uferböschung, naschte da und dort Blätter und Zweige. Die Erwachsenen der Herde setzten indes ihre Morgentoilette fort. Diese hatte ja bereits mit dem nächtlichen Schlammbad begonnen, fand ihre Fortsetzung im Wasserbad und wurde nun mit einer Sand-Dusche beendet, nachdem verbliebener Schlamm vorher an Baumstämmen abgescheuert war. Diese Vielfalt der Pflege ist eine Notwendigkeit, denn die Elefanten haben eine empfindliche Haut, so merkwürdig dies klingen mag. Das abschließende Besprühen mit Sand schützt die Haut vor der Sonnenhitze.

Meine Selbstausbildung zum Großwildjäger war längst beendet. An die Seite der Beobachtung trat die Jagd. Sie war für mich jedoch nicht allein die Erfüllung waidmännischer Wünsche, sondern eine Lebensnotwendigkeit. Ich war ja monatelang allein im Busch unterwegs und Selbstverpfleger. Nebenbei erfüllte ich den Wunsch der Regierung, Großwild zu erlegen, damit Eingeborene zu Fleisch kämen. Bei meinen Allein-Pirschgängen nahm ich gewöhnlich zwei oder drei Fährtensucher mit, die zugleich Träger waren. Wenn ein Stück Wild gestreckt war, nahmen wir die besten Wildbretstücke zur Selbstverpflegung mit, der Rest blieb liegen. Aber nicht ungenutzt! Sobald ein Schuß gefallen ist, setzen sich die Eingeborenen, die ihn hörten, in Schußrichtung in Bewegung und nehmen das aufgefundene Stück Wild in Besitz. Sie finden es rasch und sicher, denn schon Minuten nach dem Strecken des Stückes kreisen in allen Höhen Aasgeier und Marabus über der Abschußstelle und zeigen die Stelle an, wo es liegt.

Ferner tätigte ich viele Abschüsse, um Instituten zu helfen, ihre im Kriege zerstörten Skelettsammlungen neu aufzubauen. Und letztlich hatte ich mit einem französischen Freund und Jagdführer ein Großwild-Jagdunternehmen aufgebaut, um europäischen Jägern die Krönung des Waidwerks zu ermöglichen.

In einem Land von 620 000 qkm Größe, also einer zweieinhalbfacher Größe der Bundesrepublik, mit einer Bevölkerungsdichte von zwei Menschen pro Quadratkilometer, hatten wir 23 000 qkm für die Jagd zur Verfügung. Der Wildbestand in den vorhandenen Reservaten und im freien Jagdraum war ungeheuer hoch. Dementsprechend war es Wunsch der Regierung, viel Wild zu erlegen. Doch das lehnten wir insgeheim ab. Wir waren Jäger und keine Schießer. Trotz der übergroßen Wilddichte legten wir den Abschuß nach unserer freiwilligen Selbstkontrolle fest. Dabei war klar – und dies ist in ganz Afrika so –, daß es ganz unmöglich ist, in freier Wildbahn auch nur annähernd die Wilddichte zu schätzen. Jedoch lassen sich aus Schätzung und Jagdergebnissen bestimmte Schlüsse ziehen.

Dies mag einmal am Beispiel „Büffel" dargestellt werden. Da die Jagdzeit in unserem Gebiet wegen der Regenzeit nur

Die Elefanten sind in Afrika zu einem Problem geworden,
denn für eine ungehinderte Vermehrung sind die Schutzgebiete zu klein.

sechs Monate dauert und ein Jagdführer maximal nur zwei
Jäger gleichzeitig führen darf, ergab die Praxis, daß wir in einer Jagdsaison rund einhundert Jäger zu Gast hatten. Bei einer Safari von drei Wochen erlegte ein Jäger durchschnitt-
lich 1 Elefanten, 2 Büffel und etwa 20 Stück anderes Wild
wie Antilopen, Gazellen, Warzenschweine oder Flußpferde,
dazu noch Niederwild und Flugwild.

Den Büffelabschuß herausgegriffen, ergibt dies, daß von
100 Jägern im Jahr 200 Büffel erlegt wurden. Da sich der
Büffelbestand jährlich um etwa zehn Prozent vermehrt,

müßte ein Büffelbestand von 2 000 vorhanden sein, wenn ihre Zahl erhalten bleiben soll. Nach unserer Kenntnis und nach Schätzung der staatlichen Jagdbehörde und der Eingeborenen hatten wir jedoch einen Büffelbestand von rund 20 000 Tieren. Rechnet man zum legalen Abschuß von 200 Büffeln nochmals 300 gewilderte Tiere, so steht dem Abschuß von 500 Büffeln ein Nachwuchs von 2 000 Tieren gegenüber. Mit europäischen Maßstäben gemessen, entspricht die durch Jäger legal erfolgte Büffelminderung nicht einmal einem Hegeabschuß.

Ähnlich lagen die Verhältnisse bei allen anderen Wildarten. Da ich im Laufe vieler Jahre in fast allen Gebieten Afrikas jagte, darf ich sagen, daß die jagdlichen Verhältnisse zwar nirgends so günstig wie bei uns waren, daß ein Gleichgewicht von Abschuß und Nachwuchs aber immer mehr oder minder gegeben war. Es sei zudem festgestellt, daß es auf Grund der strengen Gesetze und Überwachung gar nicht möglich war, im Rahmen legaler Jagd den Wildbestand zu schädigen oder gar zu gefährden. Wo Schaden entstand, lag die Ursache in der Wilderei der Eingeborenen.

Die erlebnisreiche, erfolgreiche und sorglose Großwildjagd in Afrika neigt sich ihrem Ende zu, sie ist mancherorts für weiße Jäger schon beendet.

Viele junge afrikanische Regierungen wenden ihre Methode der Afrikanisierung nun auch auf dem Sektor Jagd an. Die Großwildjagd in Afrika wurde nach anfänglichen Mißständen durch europäische Jäger aufgebaut und geleitet. Sie überwachten die Einhaltung der Jagdgesetze in den freien Jagdräumen und verhinderten, daß deren Wild durch die wahllose Fleischjagd der Eingeborenen ausgerottet wurde. Sie investierten viel Geld für die Errichtung zweckmäßiger

Jagdlager, bauten Pisten und Brücken und brachten für Hunderte von Eingeborenen Arbeit und Verdienst. Die organisierte Großwildjagd der europäischen Jagdführer wurde zum Devisenbringer für den Staat.

Heute verbieten Regierungen über Nacht die Jagd insgesamt und zwingen so die bisher hauptberuflich tätigen Jagdführer zum Verlassen des Landes. Damit ist die Überwachung der Jagdräume beendet, und die Eingeborenen können wildern, wie sie wollen. Es ist dann eine Frage der Zeit, bis das Wild außerhalb der Reservate ausgerottet ist und dann das Wildern in die Reservate verlegt wird.

Der Afrikaner hatte bisher kein Verständnis für ökologische Probleme und Notwendigkeiten. Der einfache analphabetische Eingeborene im Busch hat Hunger und wildert deshalb. Die afrikanischen Behörden indes sahen bisher in der Erhaltung des Wildes überwiegend das Kommerzielle. Die Reservate, deren Aufbau und Erhaltung nur durch die europäischen Jagdfachleute gesichert wurde, waren ein Mittel zur Ankurbelung des Tourismus und des damit verbundenen Deviseneingangs. Wenn nach den Jagdführern eines Tages die europäischen Reservatsverwaltungen abgelöst werden, muß man in Sorge sein, ob bis dann das ökologische Prinzip verstanden wird. Wenn man als Jäger und Heger an das Morgen in Afrika denkt, stellt sich die bange Frage: ,,Quo vadis Wild – und Naturschutz?''

Die Rache

Sicher hatte mich die kleine Sportmaschine eines französischen Aeroclubs auf einer Landepiste im Busch abgesetzt. Der Direktor der Diamantenmine erwartete mich mit dem Landrover. Zudem war ein Teil meiner Fährtensucher und Träger da, um mich zu begrüßen. Ich freute mich ehrlich, nach fast einem halben Jahr wieder meine erprobten Schwarzen bei mir zu haben. Viele erfolgreiche, teils aufregende Jagdjahre hatten wir zusammen verbracht. Mein alter und berühmter Spezialist für die Elefantenjagd, Ballasida, war auch wieder dabei. Mit ihm als Fährtensucher hatte ich meine stärksten Zahnträger erlegt. Sechs Stunden Fahrt auf schlechtester Piste brachte uns zur Diamantenmine, wo ich übernachten wollte.

Der Direktor der Mine, ein gebürtiger Elsässer, war ein prächtiger Gastgeber und erfahrener Großwildjäger. Riesige breite Narben an Oberschenkel und Waden zeigten, daß ihn einmal ein angeschossener Büffel angegriffen hatte.

Der erste Abend im Busch war wie immer unvergeßlich. Wir saßen auf der offenen Terrasse des Gästehauses, tranken deutsches Bier und über uns funkelte der Sternenhimmel. Aus allen Richtungen hörten wir Tierlaute. Elefanten trompeteten, auf ihrem Marsch zu den Salzplätzen irgendwie gestört. Und dann grollte aus zwei Richtungen die Stimme der Löwen. Erst ein langgezogenes Brüllen, dann in kurzen Abständen Stoßlaute. Mein Jägerherz schlug sogleich höher, und erfreut vernahm ich, daß in diesem Jahr ungewöhnlich viele Löwen im Minengebiet wären.

Als „Betthupferl" zeigte mir der Direktor eine Wochenproduktion der Mine. Da lag vor mir ein ansehnliches Häufchen von Diamanten. Darunter einige mit 16 Karat. Auf dem Tisch ein kleines Vermögen – um uns tropische Buschnacht, in der man nicht weiß, wer wen beobachtet. Ich war erleichtert, als die Steine wieder im Panzerschrank verschwanden. Als ich fragte, ob er denn bei so viel Vermögen ruhig schlafen könne, lachte er und meinte nur, daß für alles sehr gut vorgesorgt sei.

Lange lag ich unter dem Moskitonetz wach und lauschte dem Brüllen der Löwen, das näher zu kommen schien. In Gedanken stand ich diesen Königen schon mit der Büchse gegenüber. Spät schlief ich ein.

Es war noch Nacht, als mich meine Boys weckten. Eı Tasse Kaffee, einige Kekse, dann brachen wir auf. Etwa 2ʋ km fuhren wir eine gute Piste der Mine, aber dann mußte ich mich auf meine Fährtensucher verlassen, die das unbe kannte Gebiet erkundet hatten. In großen Abständen hatten sie ihren Erkundungsweg mit Ästen markiert. Mehrmals mußten wir über kleine tiefe Bäche Behelfsbrücken bauen, und das Bäumeschleppen und Bauen nahm uns eine Menge Zeit. Es wurde schon dunkel, als wir den Kotofluß erreichten, der als erstes Jagdlager ausersehen war.

Unterwegs hatten wir alle Arten von Wild gesichtet. Büffelherden rasten vor uns los, Antilopen sprangen ab und freche Hyänen kläfften uns an. Wir waren nun in einem riesigen Raum, der vollkommen unbewohnt war, in dem bislang nicht gejagt wurde. So herrlich der Fluß war, so sehr er nach der staubigen Fahrt zum Baden reizte, mehr als Waschen

Der Autor mit seinen Fährtensuchern.

war nicht möglich, denn im Lichtkegel der Taschenlampen leuchteten grüngelb die Augen von Krokodilen. Während wir die Zelte aufbauten, brüllten in nächster Nähe Löwen. Meine schwarzen Helfer richteten daher ihr Lager neben meinem Zelt ein und schürten hohes Feuer.

Der folgende Tag galt dem Ausbau des Lagers. Der Platz war ideal und traumhaft schön. Unter weit ausladenden Bäumen standen die Zelte, wenige Meter entfernt floß ein kleiner Bach vorüber, der fünfzig Meter weiter in den Kotofluß mündete. Der Fluß selbst bildete beim Lager eine große Schlinge, hatte viele Felsinseln und Sandbänke, und seine Ufer waren von überhängenden Laubästen gedeckt. Es war ein Bild echter Tropenlandschaft.

Schreiseeadler, Kraniche und Ibisse kreisten mit Aasgeiern in allen Höhen, und Wasservögel lärmten pausenlos. Dazwischen vernahm man das dumpfe Brummen der Flußpferde.

Den ersten Tag wollte ich mit Pirschgängen zur Orientierung verbringen und die vielen Salinen (salzhaltige Sandgruben) aufsuchen, die vom Wild als Salzlecken angenommen werden.

Ich pirschte den Fluß entlang, von dessen hoher Uferböschung ich einen weiten Blick in den Flußlauf hatte. Auf flachen Sandbänken lagen Krokodile mit weit aufgesperrtem Rachen, daneben standen bewegungslos Marabus und Kraniche. Im Wasser tauchten die riesigen Leiber von Flußpferden auf und ab. An einer Flußbiegung erblickte ich einige Wasserböcke, die schöpften und badeten, und an einer Ufersaline standen Elefanten und saugten den Sand.

Plötzlich sprangen die Wasserböcke dem Ufer zu, und alle Vögel erhoben sich mit klatschenden Schwingen. Nur die Elefanten hielten souverän Ruhe, wenngleich sie mit den riesigen Ohren fächerten und die Rüssel in die gleiche Richtung streckten. Das war für mich die beste Suchhilfe, und schon erkannte ich auf der Uferböschung eine Löwin und zwei Babys, die zum Wasser strebten. Gelassen nahm die Löwin die Aufregung der anderen Tiere hin und rutschte den Sand hinab zum Wasser. Die beiden Jungen purzelten den Hang hinab und landeten fauchend im Wasser. Es war lustig, dem Spiel der Jungen mit ihrer Mutter zuzusehen. Wenn sie zu frech wurden, bekamen sie von ihr einen Klaps mit der Pranke.

Ich verließ den Fluß, um dieses Idyll nicht zu stören. Zufrieden kehrte ich ins Lager zurück und wußte, daß meiner Kamera und Büchse alle Möglichkeiten offen standen.

Im Lager überraschte mich große Aufregung. Ein Fährtensucher hatte sich in der Umgebung des Lagers umgesehen und war auf eine Meute Paviane gestoßen. Ein alter starker Pavian, anscheinend das Leittier, hatte ihn angegriffen und ihm den Unterarm bis auf den Knochen zerfleischt. Der arme Kerl hatte viel Blut verloren und lag bleich im Gras. Ich gab ihm Spritzen und spielte wie immer Buschdoktor. Der Arm sah erschreckend aus, und ich ahnte schon, daß er amputiert werden müsse. Ich versorgte die Wunde, schiente und verband den Arm. Einige Schlaftabletten nahmen dem Burschen die Schmerzen.

Doch am nächsten Morgen sollte ich die Zähigkeit der Eingeborenen wieder einmal kennenlernen. Gleich nach dem Aufstehen wollte ich nach meinem Patienten sehen, aber er stand bereits mit fiebrigen Augen vor meinem Zelt. Als ich ein Donnerwetter loslassen wollte, weil er nicht liegengeblieben war, fiel er mir ins Wort. Er wolle mich sofort zum Einstand der Paviane führen, damit ich das Leittier schieße, das ihn angefallen habe. Dann wolle er sich gerne wieder hinlegen.

Die Rache ist nun einmal Bestandteil des Lebens dieser Menschen. Ob Rache gegen Mensch oder Tier – sie ist eine Verpflichtung. Da ich die Mentalität der Eingeborenen kannte, wußte ich, daß es die beste Medizin für den Burschen sein würde, wenn ich den Pavian erlegte.

So marschierten wir sogleich los, und nach kaum einer halben Stunde standen wir einer frechen Horde von Pavianen gegenüber. Es dauerte nur Minuten, bis sich ein starker Rüde aus der Meute löste und zähnefletschend auf mich zukam. Mein Patient schrie, daß dies der Angreifer sei und rannte weg. Ich ließ das Tier näher heran, dann gab ich ihm

Das Gebiß eines kräftigen Pavians ist stärker als das eines Leoparden.
Im Rudel kann diese Affenart gefährlich werden.

die Kugel. Als ich vor dem starken Pavianmann stand und das Gebiß besah, das stärker war als das eines Leoparden, kam mein Patient angesprungen. Mit einem dicken Ast schlug er brüllend auf das tote Tier ein. Ich ließ ihn toben, wußte ich doch, daß dies ihm sein verlorenes Selbstbewußtsein wiedergab.

Nach Tagen konnte ich meinen Patienten in ein Krankenhaus schicken, und nach Wochen erfuhr ich zu meinem Bedauern, daß man seinen Arm doch amputiert hatte.

Paviane – im Zoo lustig anzusehende, verspielte Affen. In freier Wildbahn können sie gefährlich wie Löwe und Leopard werden.

Servale und Hundsaffen

Ich hatte mein Lager in Jos, Nord-Nigeria, dem Zentrum der Zinnminen, aufgeschlagen. Die Stadt ist sauber und eine Vegetationsinsel inmitten der gelbstaubigen Steppe des Hochlandes, das sich in 1400 Meter Höhe erstreckt. Von hier aus wollte ich in das buschbewachsene Bergland im Quellgebiet des Kadunaflusses Jagdausflüge starten. Dort sollte es viele Servale geben.

Nachdem ich einen Fulani gefunden hatte, der mit seinen Rinderherden den ganzen Norden durchzogen hatte und jeden Winkel kannte, fuhren wir eines Morgens los.

Als wir die Straße nach Bukuru verlassen hatten, begann eine sehr schlechte Piste. Einige Stunden kroch ich im zweiten Gang durch Buschwerk, dann durch drei Meter hohes Sisangagras, über Wurzellabyrinthe und Geröllhalden, bis es nicht mehr weiterging. Vor uns türmten sich meterhohe Steinrippen auf. Es sah aus, als hätte hier ein Pflastermeister seinen Vorrat angelegt. Riesige Steinblöcke und Platten türmten sich übereinander, dazwischen dunkle Schlünde, Höhlen und Schluchten. Ein wahres Paradies für Servale und Hundsaffen.

Über glatte Felsplatten pirschten wir zum Quelltümpel des Kaduna, wo sich uns eine freudige Überraschung bot. Im halbtrockenen Schlamm zeichnete sich eine Musterschau von Trittsiegeln ab. Da waren zahlreiche Abdrücke der schmalen Paviansohlen, die breite Handschrift eines Panthers und viele Abdrücke der kleineren Artgenossen, der Servale. Und dann stand ich an einer Suhle, dem Strandbad der „Buschkühe", der Waldbüffel. Große Schlammwannen und nur geringfügig mit Wasser gefüllte Trittlöcher zeigten, daß die Büffel vor nicht zu langer Zeit ihr Morgenbad genommen hatten. Ich lud daher meine 9,3x64 mit Teilmantel, die der Fulani stolz auf die Schulter nahm. Ich selbst nahm die 7x57 mit Vollmantel für Servale und Paviane. Wir stiegen gegen den Fallwind, der angenehme Kühlung brachte, auf. Über eine Stunde durchquerten wir schon die Hügellandschaft, ohne Wild zu sehen. Doch dann, ich wollte gerade eine breite Spalte umgehen, kam aus dieser ein giftiges Fauchen. Der Fulani sprang gleich in Deckung, während ich bewegungslos in den dunklen Spalt sah. Dann wurde es lebendig. Oberhalb eines Felsbrockens fauchte es, und die ärgerlichen Geräusche wurden im Spalt vor mir mit zornigem Knurren beantwortet. Vorsichtig zog ich mich bis zu meinem Begleiter zurück, denn ich war für einen Schuß viel zu nahe am Spalt. Nun wurde die Empörung über unsere Störung deutlich. Aus verschiedenen Richtungen bellten Paviane, und aus den Felstrümmern vor uns fauchte es bald zornig, bald verschlafen. Wir hatten wohl die Mittagsruhe gestört, denn die Sonne stand schon hoch und brannte unbarmherzig auf die Erde nieder.

Als ich einen Stein in den Schrund warf, verstummte das Fauchen. Dafür schienen wir aber von einer Meute Hundsaffen eingeschlossen zu sein. Denn ringsum kam das Bellen und Knurren. Meinem Fulani stand die Angst im Gesicht und er deutete mir an, nicht zu schießen und umzukehren. Ich hatte keine Zeit, ihm zu antworten, denn plötzlich sprang ein starker Pavian auf kaum 15 Meter heran und näherte sich mit entblößten Zähnen. Ich warf einen Stein nach ihm, denn ich wollte durch einen Schuß die Servale nicht vergrämen. Aber er kam näher, und mein Schuß warf ihn hintüber. Nun wurde es lebendig. Aus dem Spalt sprangen hintereinander drei Servale. Meine erste Kugel splitterte die Felsplatte und verschwand pfeifend bergwärts. Doch die zweite saß, der letzte Serval überschlug sich und rutschte die Felsplatte herab.

Dann geschah etwas Komisches. Der Fulani sprang zum erlegten Serval, nahm ihn auf und rannte mit dem Gewehr davon. Gleichzeitig tauchten um mich Hundsaffen aller Größen auf, die sich dreist näherten. Ich nahm einen besonders frechen aufs Korn und streckte ihn mit einem Halsschuß. Meine Annahme, daß sich nun die Meute verziehen würde, war ein Irrtum. Nach dem Schuß rannte die Gesellschaft zwar weg, kam aber kurz darauf noch aufdringlicher und wütender auf mich zu. Ich schoß einen weiteren Pavian mit dem gleichen Erfolg. Völlig eingekreist, zog ich mich nun auch zurück, immer wieder einen dieser Kerle schießend. Erst als ich die Suhle erreichte, ließen sie von mir ab.

Den Fulani traf ich zitternd beim Fahrzeug. Er hockte auf dem Gepäckdach und warf seine Lederfetische von einer Hand in die andere. Das war sein Dank an die Geister und Götter, weil er mich lebend vor sich sah.

Als ich ihm vorwarf, mit dem Gewehr davongelaufen zu sein, gab er es mir sogleich zurück. Ich hätte ja auch kapitulieren müssen. Ich versuchte meine Verlegenheit durch Bewundern des erlegten Servals zu überbrücken, der mit flaumigem Fell vor mir lag. Aber ich dachte lange über das Erlebnis nach.

Der Souverän im Speck

Nach über 600 Kilometer Anfahrt auf teils halsbrecherischer Piste hatte ich Moukka, mein Hauptlager in der Zentralafrikanischen Republik für die Großwildjagd, erreicht. Das Dorf, aus etwa 15 Hütten bestehend, liegt mitten im Großwildparadies. Außerhalb des Ortes, am Rande eines Grabenbruches, befindet sich ein von der Regierung erbauter Jagdbungalow. Er hat dieselbe Bauform wie die Eingeborenenhütten und besitzt lediglich eine überdachte Terrasse. Von da hat man einen wundervollen Blick über die Weite des Busches. In der Nähe gibt es Felsformationen, die an die Rocky Mountains in den USA erinnern, und unterhalb dieser Felsabstürze sprudelt ein Bach, der nach jeder Pirsch ein kühles Bad garantiert.

Ich hatte mich häuslich eingerichtet und rasch im Dorf zwei Fährtensucher ausgewählt. Nachmittags begannen wir die erste Pirsch. Ich kannte das Gebiet von früheren Jagdzügen und wußte, daß es hier alle Arten Großwild, einschließlich Elefanten gab. Diesmal wollte ich ein Flußpferd, den Souverän im Speck, strecken, denn ein Institut in Deutschland wünschte einen Skelettschädel.

Im nahen Bongou-Fluß gab es eine Menge der Dickhäuter. Schon auf dem Anmarsch zum Fluß erlegte ich drei Perlhühner für das Abendessen. Auf einer schmalen, langen Piroge (Einbaum) überquerten wir den Bongou, dessen Ufer-

56

bäume weit über das Wasser hängen. Auf dem rechten Ufer pirschten wir flußabwärts. Teils ging es im Labyrinth einer üppigen Vegetation auf Wildwechseln voran, teils mußten wir unter meterhohen Mangrovenwurzeln vorwärtskriechen. Die Pirsch war sehr anstrengend, zumal das Ufer meist steil abfiel und der Boden von faulendem Laub schlüpfrig war. Auf Geräusche brauchte man keine Rücksicht zu nehmen, weil in den Baumkronen viele Affen umherturnten und großen Lärm machten.

Einige Kilometer hatten wir uns schon vorwärts gequält, ohne ein Flußpferd zu sehen, als ein Wasserbock absprang. Nach wenigen Fluchten verhoffte er, so daß ich ihn strecken konnte. 82 Zentimeter Stangenlänge entschädigten mich für die vergebliche Flußpferdpirsch. Es war schon finster, als wir das Lager erreichten und die Buschbrände den Horizont erleuchteten.

Der nächste Tag sah mich mit meinen Jagdgehilfen schon früh unterwegs. Als die kurze Morgendämmerung anbrach, überquerten wir bereits den Fluß. Die Landschaft ist hier abwechslungsreich. Bald durchquert man dichten Busch, bald hat man kilometerweite eingestreute Savannen vor sich. Und am Morgen steht und zieht überall Wild.

Ich führte die Pirsch selbst an, weil ich das Gebiet gut kannte. Schon am Rande der ersten Savanne äste ein Sprung Riedböcke. Aber es war kein guter Bock dabei. Dann umging ich eine Sumpfzunge, aus der sich Marabus und Reiher erhoben. Es war ein wundervolles Bild, als diese Riesenvögel aus dem Nebel heraus gegen die ersten Sonnenstrahlen abstrichen. Doch meine Bewunderung brachte mich um einen sicheren Abschuß. Während ich mit dem Glas den Vögeln folgte, sprangen zwei kapitale Impalas ab. Es war mir indes nicht leid darum, denn der Morgen war so wunderschön, daß ein brechender Schuß alles zerstört hätte. Ich freute mich an der Beobachtung.

Als dann auf 200 Meter ein Rudel Riesenelen vorbeizog, und ich nicht auf den starken Führungsbullen schoß, wurden meine beiden Begleiter zornig. Sie verstanden nicht, daß ein Jäger am lebenden Wild die gleiche Freude haben kann wie am erlegten, und sie wußten nicht, daß in meiner Wohnung schon ein stärkeres Gehörn hing. Aus ihrem Geschimpfe in der Sanghosprache verstand ich recht gut das oft wiederholte Wort „bagra", das dem schmeichelhaften Ausdruck „Ochse" entspricht. Als ich über ihren Ärger noch lachte, schienen sie an meinem Verstand zu zweifeln. So verlief die Morgenpirsch, ohne daß der Lauf meiner Büchse warm wurde.

Ich sah viel Wild, Warzenschweine, Großantilopen und Büffel, sogar ein Elefantenbaby, das sich in eine Dickung schob. Bei der Flußpirsch fand ich zwar wieder keine Flußpferde, dafür aber herrliche Colobusaffen, deren weiße Rückenmähne im Sprung so schön flattert. Beim Überqueren des Bongou tauchten kurz zwei Krokodile auf.

So kam ich voll zufrieden im Lager an. Meine schwarzen Begleiter waren weniger zufrieden. Bei ihnen gilt eine Pirsch nicht dem Wild und seinen Trophäen, sondern allein dem „Fleisch". So sah ich auch, wie die beiden lange bei den Fetischfiguren am Dorfeingang standen — und wahrscheinlich die Geister um die Rückgabe meines Verstandes baten.

Kurz nach Mittag brachen wir wieder auf, um zeitgerecht den Ausgangspunkt für die Flußpferdpirsch zu erreichen. Ich war in Schweiß gebadet, als wir die Buchtausweitung des Bongou erreichten. Dann standen wir vor einem tiefen Graben, der vom Wasser herauf das Steilufer durchschneidet und zu der etwa 10 Meter höher gelegenen Buschebene führt. Er war die Ausmarschstraße der Flußpferde, wenn sie nachts die Landwanderung antreten. Bis weit hinaus konnte man die zerwühlte Straße verfolgen. Nun verstand ich das Schimpfen der Eingeborenen über die Flußpferde, die sie mit Fallgruben bejagen. Denn wenn eine Flußpferdfamilie ein Hirsefeld durchquert, bleibt nur ein Sturzacker zurück.

Ich winkte meinen beiden Begleitern und stieg den Graben entlang zum Fluß hinab. Mühsam begann die Pirsch. Durch verfilzte Mangrovenwurzeln kriechend, über waagerechte Baumriesen kletternd, arbeitete ich mich voran. Zum Glück hingen Lianen wie Klettertaue herab, so daß ich mich immer wieder festhalten konnte, wenn unter meinen Füßen der Brei von modrigen Pflanzen wegrutschte. Als ich einer Pantherfalle ausweichen wollte, glitt ich aus und steckte sofort bis zur Hüfte im Schlamm. Durch mein Gepolter scheuchte ich Kuhreiher auf, die schimpfend über mir kreisten. Das war zugleich das Signal, daß Flußpferde in der Nähe waren, denn diese Vögel sind unzertrennliche Begleiter der Speckriesen. Nachdem mich meine Begleiter aus dem Schlamm befreit hatten, pirschte ich weiter. Wenige Meter vor mir kroch eine Pythonschlange und verschwand im Schilfgras. Und da dröhnte auch schon der Brummbaß eines Flußpferdbullen.

Katzengleich sprangen meine Begleiter zu mir und krochen auf allen vieren voran. Nach wenigen Metern gaben sie Zeichen, daß Flußpferde zu sehen seien. Bei ihnen angelangt, konnte ich nur Teile des Flusses einsehen, weil Lianen und überhängende Äste wie ein Vorhang bis ins Wasser hingen. Zehn klobige Schädel zählte ich. Jungtiere vergnügten sich

Erlegte Flußpferde, Fleisch für die Dorfbewohner.

damit, unter den Riesenkörpern ihrer Muttis durchzutauchen. Nach längerem Suchen entdeckte ich einen Bullen. Er befand sich in Flußmitte und überwachte den Tummelplatz seiner Familie. Er schien unsere Annäherung bemerkt zu haben, denn weit öffnete er den Riesenrachen und gab tiefe Brummtöne von sich. Sein Warnruf veranlaßte alle Tiere, sofort unterzutauchen. An den aufsprudelnden Luftblasen konnte ich ihren Fluchtweg erkennen.

Jetzt war Eile geboten. Wir rannten, stolperten und hatten nur das Ziel, die Tiere einzuholen. Schon nach kaum hundert Metern hatten wir sie erreicht. Da und dort tauchten die Riesenköpfe auf, um nach kurzem Atmen wieder im Wasser zu verschwinden. Der Wettlauf ging weiter. Nach etwa einem Kilometer mußte ich verschnaufen und wollte aufgeben. Doch da tauchten die Tiere auf und blieben über Wasser. Sie hatten sich wieder beruhigt. Nach einiger Zeit konnte ich auch den Leitbullen ansprechen. Seine breite Stirn ließ auf ein hohes Alter schließen. Langsam nahm ich die Büchse hoch, brachte das Fadenkreuz zwischen die großen Augen und zog ab. Der Bulle bäumte sich hoch aus dem Wasser auf und wälzte sich. Noch einmal kam der dunkle Rist aus dem Wasser, dann versank der erlegte Bulle. Flußabwärts tauchten die Schädel der flüchtenden Familie auf.

Mein Waidmannsheil ließ meine Begleiter freudig grinsen, als sie das Boot holten. Fetter Braten war sicher. Ein erlegtes Flußpferd sinkt ab, treibt flußabwärts und wird erst nach etwa drei Stunden an die Oberfläche getrieben, wenn sich genügend Verdauungsgase im Wanst gebildet haben.

Ein Flußpferd wird im Wasser aufgebrochen, zerlegt.
Die Afrikaner sind mit Geschick und viel Begeisterung dabei.

Nachdem mich die Boys an das andere Ufer gerudert hatten, ging ich allein nach Moukka zurück und verständigte den Häuptling. Er brach sofort mit seinen Männern auf, um das Flußpferd zu bergen. Die Frauen und Kinder tanzten vor Freude, weil nun wieder einmal Fleisch in die Töpfe kam. Sofort begannen sie mit dem Errichten der Holzgestelle für das Selchen des Fleisches. Lange noch hörte ich das Tam-Tam der Trommeln, bevor ich einschlief.

Am nächsten Morgen überreichte mir der Häuptling die Trophäen meines Bullen, starke, fast halbkreisförmig gebogene Zähne. Dann überwachte ich das Auskochen des klobigen Schädels, der nun bald seine Reise nach Deutschland antreten sollte.

Stolze Häupter

Nach über 1 200 Kilometer Jagdfahrt durch Busch und Regenwald, über die Berge des Col Cijoux, hatte ich das wild-
reiche Gebiet in der Zentralafrikanischen Republik zwischen den Reservaten Aouk und Quandjia erreicht. Auch
ohne meine ausgezeichneten Pisteure – Fährtensucher –
hatte ich bisher reichlich Waidmannsheil. Der Gepäckträger
meines Fahrzeuges war mit recht guten Gehörnen belegt.
Nun wollte ich Riesenelen, Wasserbock und Moorantilope
bejagen, die in diesem Gebiet heimisch waren.

In Massanjaka richtete ich mein Lager ein. Mein Zelt stand
auf einer Anhöhe, die einen wundervollen Rundblick bot.
Goldgelb leuchtete die Savanne, und im Westen glänzte das
Band des Flusses Bahr-Quandjia.

Am Abend besuchte mich der Häuptling vom nahen Tiroungoulou und brachte mir zwei Fährtensucher. Bei
Whisky am Lagerfeuer gab er mir Hinweise für meinen
Pirschplan. Es war spät, als er sich verabschiedete und mit
alkoholischer Schlagseite im Dunkel verschwand.

Lange noch saß ich allein bei der knisternden Glut und genoß die Tropennacht. Ein leichter Wind kam kühlend aus
der Savanne, über der Tausende „Feuerfliegen" tanzten, als

würde ein Funkenregen auf und ab getrieben. Im Osten erhellte der Feuerschein eines Buschbrandes die Nacht. In Abständen dröhnten die Trommelschläge aus Tiroungoulou, mit denen man die ganze Nacht über die Elefanten von den Pflanzungen fernhielt. Ich kroch in meinen Schlafsack und war rasch eingeschlafen.

Eine Rotte Warzenschweine, die flüchtend an meinem Zelt vorbeirannte, weckte mich. Gerade zur rechten Zeit, denn bald darauf läutete mein Wecker. Die beiden Fährtensucher nahmen das notwendige Gepäck auf und setzten sich langsam in Bewegung. Ein Schluck Tee aus der Thermosflasche, ein paar Kekse und mein Steh-Frühstück war beendet.

Die erste Begegnung war ein Ducker, die flinke kleine Gazelle. Dann zog schräg vor uns eine Pferdeantilope mit gutem Gehörn. Aber es war eine „femelle", ein weibliches Stück.

Als wir am Rande eines Grabens entlangpirschten, standen wir unvermutet einem jungen Büffel gegenüber, der mit seinem schmalen Helm und den langen Spitzen einen Strauch bearbeitete. Zwei Kälber sahen interessiert dieser Tätigkeit zu, sprangen aber sofort ab, als sie uns sahen.

Der Jungbüffel wurde auf uns aufmerksam und gab sich wie ein alter Bulle. Er ließ den wuchtigen Schädel kreisen, stampfte mit den Vorderläufen und ging einige Schritte auf uns zu. Weil ich es vermeiden wollte, auf diesen Halbstarken schießen zu müssen, versuchte ich meine Schocktherapie. Unbeweglich stehenbleibend, stieß ich einen Schrei aus. Der Jungbulle streckte den Kopf hoch, machte auf der Hinterhand kehrt und sprang ab. Erleichtert atmete ich auf. Denn es ist bitter, wenn man aus Selbsterhaltungsgründen ein Jungtier schießen muß.

Je näher wir an den Fluß Bahr kamen, desto deutlicher wurde der Wildreichtum dieses Gebietes. Besonders die Vielfalt der Wildarten, die hier zum Wasser zogen, war erstaunlich. Auffallend war das Verhalten des Wildes. Es flüchtete nur selten, äugte nur neugierig. Wahrscheinlich war es nie bejagt worden.

Die Abendpirsch galt einem kleinen Weiher, der von stacheligen Leguminosen umgeben war. Ringsum stand schmales Schilfgras vertrocknet und messerscharf im rissigen Moorboden. Über mir kreisten zwei weißköpfige Schreiseeadler, die vielleicht schönsten Greifvögel Afrikas. Gleichmäßig zogen sie ihre Kreise, immer tiefer gleitend. Dann stieß einer von ihnen herab. Ich hörte das Pfeifen der riesigen Schwingen. Er fiel beim Weiher ein, und sofort erhob sich buntes Federwild. Graue Reiher stiegen steil auf, schreiende Graugänse strichen eilig ab. Über mir war ein Rauschen und Pfeifen. Nach Sekunden war alles wie ein Spuk vorbei, und es herrschte wieder abendliche Stille. Glutrot sank die Sonne zum Horizont, und auf den weit ausladenden Ästen riesiger Bäume nahmen die ersten Vögel ihren nächtlichen Ruheplatz ein.

Ich beeilte mich, denn bis zum Einbruch der Nacht blieb mir kaum eine Stunde. Demba, mein Boy, zeigte zum Weiher. Im Schatten der Sträucher stand gut getarnt ein Rudel Wasserböcke. Ich zählte 15 Tiere, darunter nur junge Böcke, deren kurze Spieße unförmig erschienen.

Ich prüfte mit dem „Puh-Puh" (feinste Asche) den Wind und stellte erfreut fest, daß er aus Richtung des Rudels kam. Das Hauptaugenmerk richtete ich auf den Schilfwald, der sich vom Rudel weg zum Weiher zog. Dort mußten irgendwo die Herren des Rudels stehen. Diese Böcke führen bis zu zwanzig Tiere. An heißen Tagen, aber mitunter auch bei Gefahr tauchen Wasserböcke im tiefen Wasser bis zum Windfang unter.

Das rissige ausgetrocknete Moor hatte sich längst in einen dickbreiigen Morast verwandelt, und man mußte die Füße vorsichtig setzen. Trotzdem konnte ich es nicht vermeiden, daß beim Herausziehen der Füße der schlammige Brei gluckste. Wenn ich meine dicken Profilschuhe aus dem Schlamm zog, gurgelte es, während mein Boy seine hornhautbewehrten Plattfüße geräuschlos heraushob.

Als es dicht vor mir hinter der Schilfwand planschte, verhielt ich. Wir hatten das Wasser erreicht, und hinter der Schilfmauer schien Wild zu baden. Ich pirschte zu einer erhöhten Schirmakazie, um von dort einen Ausblick über den Weiher zu bekommen. Über trockenen Boden erreichten wir den Baum und staunten über den weiten Rundblick. Auf dem grünlichbraunen Wasser schwamm allerlei Federwild, und in der kleinen Bucht, die wir eben umgangen hatten, standen zwei Wasserböcke mit starkem Gehörn.

Wie immer, wenn ich Wasserböcke sehe, vergaß ich auch hier das Schießen und freute mich am Anblick. Der Wasserbock erinnert mich immer an europäische Hochwildjagden, an die kapitalen Geweihe von Vierzehnendern, denn im Körperbau wie auch in der Färbung der Decke gleicht er unserem Hirsch. Sogar die Art, wie er zieht und verhofft, ähnelt der unseres Rotwildes. In Gedanken setzte ich an die Stelle des geriffelten Gehörns ein Kronengeweih, und schon wurde ein Brunfterlebnis in Ungarn wach. Meine Jagderinnerungen angesichts der beiden Böcke wurden jäh beendet. Sie sprangen ab, man sah nur noch schlammiges, aufspritzendes Wasser. Am bewegten Schilf konnte ich den Flucht-

66

weg verfolgen. Mein Boy sah mich verdutzt an, und mir entfuhr ein geläufiges Wort des Ärgers.

Wir brachen Richtung Fahrzeug auf, um es vor Anbruch der Dunkelheit zu erreichen. Wie staunte ich, als in unmittelbarer Nähe des Landrovers ein kapitaler Wasserbock stand und das unbekannte Etwas neugierig beäugte. Schnell waren wir in Deckung. Der Bock näherte sich dem Fahrzeug, warf ab und zu sichernd auf. Dann stand er breit da. Mein Schuß zerriß die Stille, und der Bock brach im Feuer zusammen. Als ich vor dem Gefällten stand und mir mein Boy den Bruch überreichte, war ich angesichts des kapitalen Gehörns glücklich.

Die Neugierigen

Das Thermometer in meinem VW-Bus zeigte trotz des ein-
geschalteten Kühlgebläses 44 Grad C, als ich die Hütten des
Dorfes Poto-Poto verließ. Das Schlimmste hatte ich aber
noch vor mir, denn ich mußte das Gebirgsmassiv des Col Ci-
choux überqueren, um den Distrikt Birao zu erreichen.
Die Piste über das Gebirge war steil, sie bestand nur aus Geröll, das von ausgewaschenen tiefen Gräben durchzogen
war. Als ich bereits im ersten Gang einige hundert Höhen-
meter geschafft hatte, begann die Zone der Bambuswälder
und damit der Hölle. Denn nun mußte ich alle Fenster und
das durchgehende Sonnendach schließen, weil sonst die
Plage der Tse-Tse-Fliegen unerträglich geworden wäre.
Kaum war ich zwischen den dicken Bambusbüschen, saßen
auch schon Hunderte dieser gefährlichen Krankheitsüber-
träger an den Fensterscheiben. Es war ein gutes Gefühl, vor
diesen Quälgeistern geschützt zu sein, denn mir war eine
Pirsch durch Bambuswald zu sehr in schlechter Erinnerung.
Ich wurde damals vom Hals bis zu den Knöcheln zerstochen,
bekam hohes Fieber und eitrige Beulen. Nun war ich zwar
im Wagen geschützt, dafür wurde die Hitze unerträglich.
Bald zeigte das Thermometer 59 Grad C, und der Schweiß
lief in Strömen. Die Luft war wie Brei, dabei mußte ich mich
ganz auf die elende Piste konzentrieren, die manchmal an
einen aufgelassenen Steinbruch erinnerte. Zweimal lagen

68

Haufen von Elefantenlosung auf dem Weg, denn die Dickhäuter halten sich gerne in Bambuswäldern auf. Aber beim Anblick der Fensterscheiben mit den Hunderten von Tse-Tse hätte mich auch der stärkste Elefant nicht aus dem Wagen gelockt.

Endlich hatte ich den höchsten Punkt des Passes erreicht, und nun bot sich mir ein bezaubernder Fernblick. Bis zum Horizont endloser Busch mit mittelgebirgsartigen Bergketten. Im Osten die Berge des Ägyptischen Sudan, dessen Grenze von hier nur 90 km entfernt ist. Gerne hätte ich den Anblick länger genossen, aber die Hitze zwang mich zum Weiterfahren, heraus aus dieser Hölle. Rasch ging es leider nicht, denn nun ging es sehr steil abwärts, die „Straße" bestand nur noch aus Steinklötzen. Während ich mit den Vorderrädern einige dieser Klötze erkletterte, fielen die Hinterräder von anderen Blöcken herab, und der Wagenboden schlug krachend auf. Wäre das Fahrzeug nicht expeditionstüchtig gebaut gewesen, hätte es nicht Stahlplatten als Wagenboden gehabt, hier hätte der VW-Bus sein Ende gefunden. Ich brauchte für die Talfahrt länger als für die Bergfahrt, obgleich beide Strecken gleich lang waren.

Endlich erreichte ich die Ebene und konnte wieder alle Fenster des Wagens öffnen. Von den Tse-Tse war nichts mehr zu sehen. Bald erreichte ich das Dorf Ouandadjalle. Ich hielt nur kurz, um zwei Fährtensucher aufzunehmen. Dann verließ ich die Piste und suchte mir einen Standplatz an einem kleinen Bach. Bei dem Bad im frischen Wasser vergaß ich rasch die Sauna, die ich im Wagen durchlebt hatte. Während ich bis zum Hals im Wasser lag, kamen meine Boys und zeigten aufgeregt zum Wagen. Ich traute meinen Augen nicht – standen doch dort sieben Bubal-Antilopen – so nennt man hier die Kuhantilopen (Kongonis) – und besahen neugierig das Fahrzeug. Ich kannte die Neugier dieses Wildes, aber so selbstmörderisch wie hier hatte ich sie noch nicht erlebt. Sie sprangen erst ab, als ich aus dem Bach stieg.

Am nächsten Morgen zogen wir los, um Bubal zu jagen. Bald hatten wir ein kleines Rudel vor uns, das kurz absprang, dann verhoffte und uns sogar folgte, als wir ohne jede Vorsicht weiterpirschten. Es waren nur Jungtiere. Nach längerem Marsch sah ich viele Aasgeier und Marabus kreisen, die ihre Runden immer tiefer zogen und dann hinter einem Hügel einfielen. Ich winkte den Boys und nahm Richtung Hügel, weil ich sehen wollte, welche Wildreste hier verspeist würden. Auf dem Hügel angelangt, hatte ich einen Überblick über den abfallenden Busch. Am Fuß des Hanges war eine breite Mulde, in der es von schreienden Vögeln wimmelte. Die Tiere waren so dicht gedrängt, daß ich nicht erkennen konnte, welchen Kadaver sie bearbeiteten. Kaum erhob sich einer der Vögel mit einem Stück Darm oder Fleisch im Schnabel, wurde sein Platz von anderen, sich raufenden Aasgeiern ausgefüllt. Es war ein Bild hungeriger Gier, das sich hier bot.

Plötzlich stob die ganze Gesellschaft auseinander und baumte ringsum auf. Und jetzt sah ich zwei halb aufgefressene Kuhantilopen liegen. Ich konnte mir nicht erklären, wodurch diese Flucht ausgelöst wurde. Wir konnten nicht die Ursache sein, denn der Wind stand gut, und wir lagen gedeckt unter einem Busch. Da die Vögel nach Minuten noch immer keine Anstalten machten, ihre Mahlzeit fortzusetzen, mußte Raubwild in der Nähe sein. Mit dem Glas suchte ich den Rand der Mulde ab und entdeckte einen Löwen. Seine Rute war ständig in Bewegung, er sah unverwandt zum Riß.

Nach einer halben Stunde verlor ich ihn aus den Augen. Ich war ärgerlich, denn ich hatte seit einem Vierteljahr den Auftrag eines Instituts, ein vollständiges Skelett eines Löwen zu beschaffen. Schon mehrmals hatte ich eine Begegnung mit einem dieser „Könige", aber ich kam nie zu Schuß. Und nun hatte ich neuerdings eine Chance verschlafen! Aber er mußte noch in der Nähe sein, denn die Vögel blieben weiterhin aufgebaumt und verhielten sich still.

Ich hatte eine so unmögliche Beinstellung, daß mir die Beine einschliefen. Trotzdem durfte ich mich nicht bewegen, denn wenige Meter entfernt stand ein Marabu, der zu mir äugte.

Da stieß mich der Boy an – und wie er sah ich den Löwen. Dieser war in weitem Bogen um die Mulde gezogen und schob sich nun vorsichtig aus dem Blätterdickicht. Bald stand er frei. Es war ein noch junger Löwe, etwa fünf Jahre alt, denn seine Mähne, die ab viertem Lebensjahr wächst, war kurz und zottelig. Ich schoß noch nicht, ich wollte ihn zum Riß lassen und so lange wie möglich beobachten. Da sprang er plötzlich zurück in das Dickicht, aus dem Murren und Fauchen kam. Gleich darauf sprang eine Löwin mit zwei Jungen ab. Die Vögel fielen wieder über die Kadaver her.

Vorwurfsvoll sahen mich die Boys an. Sie verstanden nicht, warum ich nicht sofort geschossen hatte. Aufgeben wollte ich aber nicht. Deshalb lief ich mit den Boys zu den durcheinanderflatternden Vögeln und vertrieb sie. Die Reste der arg zugerichteten Bubals zogen wir unter einen Baum, brachen eine Menge Äste ab und deckten damit die Kadaver zu. Ich hoffte, daß die Löwen den Köder annehmen würden und ich am Morgen zu Schuß käme.

Es war noch sternklare Nacht, als wir am nächsten Morgen in die Nähe des Baumes kamen. In einer Entfernung von etwa achtzig Metern setzten wir uns an, von Sträuchern gut gedeckt. Es war totenstill, und über eine Stunde lang sah ich immer wieder vergeblich zu unserem Köder. Endlich bewegte sich ein Schatten, dem drei weitere folgten. Im Doppelglas sah ich die ganze Löwenfamilie, die zum Frühstück erschienen war. Knurrend zog die Löwin einige Äste weg, um an den Köder zu gelangen. Dann folgte das spielerische Fauchen, ein Zeichen, daß der Fraß begann. Ab und zu setzte sich eines der Tiere ab, um in Ruhe einen Brocken zu verzehren.

Indessen war es Tag geworden, und ich freute mich über das Treiben der königlichen Familie. Zugleich wurde mir klar, daß ich mich in einer dummen Lage befand. Solange die Löwin mit den Jungen da war, konnte ich nicht schießen. Es war so gut wie sicher, daß sie mich dann sofort angreifen würde, um ihre Jungen zu schützen. In diesem Falle wäre ich gezwungen, den Jungen die Mutter wegzuschießen. So mußte ich warten und hoffen, daß der Familienchef zurückblieb, wenn sich die Löwin mit ihren Kindern zum Verdauungsschlaf zurückzog.

Während ich wieder einmal eine Zielübung auf den Mähnenlöwen machte, geschah etwas Merkwürdiges. Die Löwin jagte plötzlich mit Prankenhieben ihre beiden Jungen zum Busch und verschwand mit ihnen. Das Familienoberhaupt sah mit gesträubter Mähne und peitschender Rute zu uns den Hang herauf, fauchte und fletschte die Zähne. Gerade hatte ich ihn im Kreuz des Zielfernrohrs, als er nach vorne sprang und mit großen Sätzen den Hang herauf kam. Ich riß das Zielfernrohr von der Büchse, erhob mich und legte an. Da sah er mich, hielt ruckartig an und zog die Lefzen hoch. Als er den massigen Schädel zur Seite drehte, war für mich

Böse zieht der Löwe
die Lefzen hoch und
knurrt, wenn ein anderer
wagt, ihn zu stören.

Der „König" am Riß. Er hat absoluten Vorrang in der Löwenfamilie.

höchste Zeit, denn Löwen tun dies, bevor sie zum Sprung ansetzen. Schnell zog ich ab, und der Schuß warf den Löwen hintenüber. Er rutschte ein Stück den Hang hinab, streckte sich und lag still.

Ich kroch tief in das deckende Gebüsch und wartete mit Herzklopfen, ob die Löwin austreten würde. Minutenlange Stille, nichts geschah. Ich atmete erleichtert auf.

Da, ein Knacken hinter uns ließ mich aufspringen. Wie aus dem Boden gestampft standen drei Schwarzafrikaner in Jagdausrüstung vor mir. Die Speere hochhaltend, begrüßten sie mich grinsend. Meine Boys übersetzten, und ich erfuhr, daß uns die Kerle seit langem entdeckt hatten.

Jetzt wurde mir das merkwürdige Verhalten der Löwenfamilie klar. Sie hatte von den sich nähernden Männern Wittrung erhalten. Die Löwin brachte ihre Jungen in Sicherheit, und der Löwe wollte den Afrikanern aufs Fell rücken. Erst als ich mich erhoben hatte und er mich sah, war ich der Gegner, den er annehmen wollte. Als meine Boys den Burschen die Situation erklärten, standen sie angsterfüllt und verdattert da. Für sie war es ein Glück, daß ich mich zwischen dem Löwen und ihnen befunden hatte. Andernfalls hätten wohl alle drei ihr armseliges Leben ausgehaucht. Während ich mich über mein Waidmannsheil freute und erleichtert war, daß ich nun den Auftrag des Instituts erfüllen konnte, begann für meine Boys eine mühselige rote Arbeit. Neugierig sahen die drei Burschen zu und nahmen dankbar die Fleischteile an, die von den vielen Knochen gelöst werden mußten.

Aber neugierig waren nicht nur unsere Besucher. Am Muldenrand hatten sich einige Antilopen eingefunden. Es waren Bubals, Kuhantilopen, die Neugierigen, die ohne Scheu unserem Tun zusahen.

Bunte Tage

Ich hatte mein Jagdlager bei Bongoran, südwestlich vom Jagdzentrum Ndele aufgeschlagen, wollte filmen und fotografieren und nur nebenbei etwas jagen. Bongoran liegt an der Grenze des großen Wildreservats von Bamingui und gibt deshalb die Gewähr reicher Wildbegegnung. Es war mein erster Aufenthalt in dieser Gegend, und ich hatte von Bangui aus über 800 Kilometer zurückgelegt. Ich war allein gefahren, ohne Pisteure, und wollte Fährtensucher aus irgendeinem Dorf mitnehmen, falls es nötig werden sollte.

Die lange Anfahrt führte über elende Pisten mit tiefen Gräben und Löchern und über halb verfaulte Bohlenbrücken. Zweimal war ich mitten auf solchen Brücken durchgebrochen, und nach dem afrikanischen Rezept „Augen zu – Vollgas" rumpelte ich auf den Radfelgen mit Krachen und Glück auf festen Boden. Die glänzenden Radkappen waren zu verbeulten Blechtellern geworden, und im rechten Vorderreifen klaffte ein tiefer Schlitz.

In mehrjährigen Fahrten durch 21 afrikanische Länder hatte ich gelernt, an die Stelle des Zorns und Ärgers den Gleichmut zu setzen, und so berührten mich all diese Feststellungen nicht. Ich war daran gewöhnt, bei Pannen, die ich nicht selbst beheben konnte, oft mehr als eine Woche im Busch zu warten. Zu warten, bis eben irgendein Jagdfahrzeug oder

der Wagen einer Minengesellschaft vorbeikam. Wer sich mit dem Fahrzeug in endlose, fast völlig unbewohnte Gebiete Afrikas wagt, muß Hast mit Geduld, Verzweiflung mit Hoffnung vertauschen und mit dem Sprichwort „alles regelt sich" leben. Wenn nicht heute, so vielleicht morgen, übermorgen oder in einer Woche, das ist der Trost, den man sich selbst geben muß.

Am Straßenrand entdeckte ich eine Orientierungstafel, die genau dieser Einstellung entsprach. Da war kein Hinweis, wieviele Kilometer noch bis zum Ort Ndele zurückzulegen sind, sondern auf der verwaschenen Steinplatte stand „Ndele, pas loin", „Nach Ndele, nicht weit". Als ich dann nach über 60 Kilometer den Ort erreichte, wußte ich, was in Afrika „nicht weit" bedeutet.

Während ich auf dem Benzinkocher mein Abendessen richtete, bekam ich Besuch. Wie immer und überall in Afrika, tauchten wie aus dem Boden gewachsen plötzlich Schwarzafrikaner auf. Ein alter grauhaariger Bursche reichte mir die Hand und stellte sich als Häuptling von Bangoran vor. Seit der Souveränität nennt er sich „Chef de village", Chef des Dorfes. Und er trägt auf der Brust die Plakette mit dieser Aufschrift, obwohl weder er noch seine Leute lesen können. Die staatliche Bürokratie reicht nun bis in den Busch.

Mit einigen schimpfenden Befehlen schickte er seine Leute fort. Ich kannte das, denn er wollte den Whisky, den er von mir erwartete, nicht mit anderen teilen. Nur ein junges, gut entwickeltes Mädchen befolgte seinen Befehl nicht und blieb wartend stehen. Als ich die Kleine betrachtete, erzählte der Häuptling in einem Gemisch von Sango und Französisch, daß dies Mädchen seine Tochter sei und mit mir schlafen würde, wenn ich es wünsche. Auch diese Gastfreundschaft kannte ich, sie war mir nicht neu. Ich winkte das Mädchen heran, dessen einzige Bekleidung aus einigen Blättern bestand, gab ihm eine Schachtel Streichhölzer und ein paar Francs und schickte es mit einem Klaps weg. Kichernd tauchte das hübsche Kind im Dunkel unter.

Der Häuptling saugte in Abständen an der halben Whiskyflasche, die ich ihm geschenkt hatte. Dann palawerte er von starken Elefanten und großen Büffelherden sowie einer angriffslustigen Nashornmama, die in der Nähe des Dorfes sein sollten. Wie alles in Afrika überdimensional ist, so sind es auch die Erzählungen der Schwarzen. Sieht einer einen Büffel, so berichtet er von einer Herde.

Der Chef fabulierte immer noch, als ich bereits unter mein Moskitonetz gekrochen war. Erst als ich die Lampe löschte, verschwand er schimpfend, weil ich seine Tochter nicht angenommen hatte, für die er eine Flasche Whisky erwartet hatte. Es herrschte gerade die kurze Morgendämmerung, als ich vom Geschrei der Graupapageien und dem Gekläff der Paviane geweckt wurde. Der Aufregung nach mußte Raubwild in der Nähe sein. Es wimmelte plötzlich von Affen, die alle auf der Flucht waren. Sie turnten von Baum zu Baum oder flitzten im Zickzack durch das verbrannte Gras. Während ich belustigt dieser Flucht zusah, tauchte ein Leopard auf. Als er meinen Wagen sah, verhoffte er kurz, um sich dann mit verächtlichem Blick seitwärts zu verdrücken. Ich sprang aus meinem Netz, ergriff die Büchse und rannte zu einem Termitenhügel, um von dessen Turm weiter sehen zu können. Zu spät – der Herrscher der Nacht war schon verschwunden.

Bald war ich pirschfertig. Ein Schluck Tee aus der Thermosflasche, ein paar Kekse und auf ging's. Da ich ohne ortskundigen Führer pirschen wollte, stellte ich die Marschzahl meines Kompasses ein. Einem Trampelpfad folgend, stand ich bald vor frischen Trittsiegeln einer Büffelherde. Also hatte der Häuptling doch nicht übertrieben, als er von Büffelherden sprach. Während ich noch überlegte, ob ich den Büffeln folgen sollte, brach es seitlich von mir los, und eine Rotte Warzenschweine polterte ab. Mit senkrecht gestellten Pürzeln blieb die Rotte nach etwa 100 Meter stehen. Voran stand die Bache, gefolgt von einem ganzen Kindergarten. Vergeblich suchte ich nach dem Keiler. Als sich die Gesellschaft wieder in Bewegung setzte, tauchte er auf. Mir stockte der Atem, denn einen Keiler mit solch kapitalen Waffen hatte ich noch nicht gesehen. Er übernahm die Führung seiner Familie und im Frühsporttempo ging es weiter. Ohne auf Deckung zu achten, rannte ich hinter der Rotte her, denn ich mußte zu Schuß kommen, bevor der Busch dichter wurde. Zu meinem Glück verhielt die Rotte, machte halb kehrt und trottete weiter. Ich nahm das Zielfernrohr ab und wollte nur kurz verschnaufen. Aber da entdeckte mich der Keiler. Mit einem Satz jagte er davon. Über Kimme und Korn folgte ich ihm und zog ab. Aber es ging daneben, und der Abpraller jagte winselnd in die Baumwipfel. Ich machte zum zweiten Mal krumm – mit dem gleichen Mißerfolg. Aber bei meinem dritten Schuß überschlug sich der Keiler und blieb liegen. Mein Herz schlug gewaltig, als ich vor ihm stand und die Rekordwaffen sah. Das Bandmaß zeigte 40 Zentimeter Waffenlänge, nachdem ich die Zähne aus dem Kiefer gelöst hatte.

Am folgenden Tag sollte der Lauf meiner Büchse nicht warm werden, ich ging nur auf Filmpirsch. Es fing schon gut an. Beim ersten Wassertümpel überraschte ich ein Rudel

Wasserböcke. Zwei Kälber plantschten übermütig im Wasser, so daß sie das Geräusch der Kamera nicht hörten und ich das Morgenbad festhalten konnte. Als ich mich gerade zurückziehen wollte, schob sich ein Leopard aus dem Dickicht. Ich drehte das Teleobjektiv ein und ließ die Kamera surren. Der Leopard war sich nicht schlüssig, ob er das Dickicht verlassen sollte, um die freie Fläche zu den Wasserböcken zu überqueren, oder ob er lieber in der Dickung anschleichen sollte. Immer wieder trat er halb aus, zog sich zurück und tänzelte hin und her. Er hatte wohl in der Nacht keine Beute gemacht und war nervös. Als ich lange genug gefilmt hatte, packte mich doch das Jagdfieber und ich vertauschte die Kamera mit der Büchse. Doch zu spät, er war im Dickicht verschwunden und ließ die Wasserböcke unbehelligt.

Gegen Mittag erreichte ich das Dorf Ngoussoua. Primitive Kegeldachhütten, baumelnde Fetische und lodernde Feuerstellen zeichneten hier wie überall das Bild der Siedlungen. Doch während sonst in jedem Dorf sofort alle Bewohner zusammenlaufen, wenn ein Jäger kommt, schien es hier anders zu sein. Als ich die ersten Hütten erreicht hatte, sah ich zwar viele Dörfler, aber niemand nahm von mir Notiz. Alle standen oder saßen bewegungslos und starrten zu einer Hütte am Dorfrand. Als man mich bemerkte, gab man Zeichen, nicht weiterzugehen und still zu bleiben. Ich verstand all das nicht und glaubte, der Medizinmann gäbe gerade seine Vorstellung. Dennoch blieb ich stehen. Als ein junger Bursche zu einer Hütte deutete, nahm ich das Glas zu Hilfe. Und da blieb mir fast das Herz stehen. Vor der Hütte, die alle Blicke anzog, saß ein kleines nacktes Negerlein, um dessen Hals und Oberarm sich eine Schlange ringelte. Ich erkannte sofort eine Gabunviper, deren Biß in wenigen Minuten tödlich ist. Das Kind saß ganz still, hatte einen verkohlten Ast in der Hand und sah mit großen Augen auf die Schlange, die sich um die Oberarme ringelte, dann über Brust und Bauch zu den Beinen kroch. Nun interessierte sie sich für den Ast und ringelte sich um die Arme.

Es war erstaunlich, wie richtig sich all diese Menschen verhielten. Jede Bewegung, jeder Laut hätte die Schlange veranlassen können, das Kind zu beißen. Nur wenige Meter entfernt stand die Mutter, bewegungslos, zitternd.

Endlich bewegte sich die Schlange vom Kind weg. Mit einem Schrei stürzte die Mutter zum Kind und riß es an sich. Ich jagte der Schlange eine Kugel nach, die knapp neben ihr den Sand aufwirbelte, und die Männer verfolgten mit Stöcken das Reptil, das sofort im Dickicht verschwunden war.

Nun kam stolz der Medizinmann, er hatte sich Fetische umgehängt und das Gesicht weiß bemalt. Aus seinem Gehabe ging hervor, daß er nun gefeiert werden wollte, denn er war es, der das Kind durch seine Fetische gerettet hatte. Dieser Meinung schienen auch die Dorfbewohner zu sein, die ihn ehrfürchtig umringten.

Der Häuptling kam zu mir und begrüßte mich. Er gab mir sogleich zu verstehen, daß man gerne feiern möchte, aber leider kein Fleisch habe. Dabei zeigte er unmißverständlich auf meine Büchse. Ich war natürlich bereit, den Küchenjäger zu spielen, und bald zog ich mit etlichen jungen Burschen los. Ohne nach Fährten zu suchen, hasteten die Männer los und deuteten auf einen Galeriewald als Ziel. Als wir diesen erreichten, wurde es in den Baumkronen lebendig. Es wimmelte von Colobusaffen, die aufgeregt von Ast zu Ast sprangen, wobei ihre weißen Rückenmähnen flatterten. Es ging

Familie Warzenschwein. Eine flüchtende Rotte wirkt immer komisch;
blitzschnell hasten die Tiere davon, alle mit senkrecht aufgestellten Bürzeln
und einer lustigen Quaste daran.

mir sehr gegen den Strich, diese herrlichen Tiere schießen zu
sollen, aber ich wußte, daß Affenfleisch für die Eingeborenen eine Delikatesse ist. Als ich ihrer Meinung nach schon
zu lange diese schwarz-weißen Flitzer bewunderte, erinnerten mich meine Begleiter an meine eigentliche Aufgabe. Sie
deuteten mit Geschrei zu den Baumwipfeln. So streckte ich
einige dieser Affen.

Ins Dorf zurückgekehrt, gab es Jubel, und bald schmorte es
auf den Holzrosten. Ich nahm die mit Salz eingeriebenen
Felle auf, und nach zwei Stunden hatte ich mein Lager erreicht. Ein bunter Tag voller Erlebnisse war zu Ende, und
ich kroch bettreif unter mein Moskitonetz.

Ein neuer Aufbruch

Es waren einige Wochen vergangen, seit ich in Nigeria Servale und Buschkühe gejagt hatte. Fast zweitausend Kilometer Fahrt durch Sand, Sumpf und über betonharte rote Firkiböden mit kalkreicher „fettiger" Erde lagen dazwischen. Malariaanfälle und Wagenpannen waren meine Begleiter gewesen. Unbarmherzig hatte der heiße Ghibli geweht, ein aus dem Süden kommender trockener, mit Staub gesättigter recht unangenehmer Wind.

Als ich aber meinen Wagen in Bangui für eine neue Safari rüstete, gedachte ich sehnsüchtig der trockenen Hitze in Nordnigeria. Denn hier, nahe dem Äquator, brütete die feuchte Tropenhitze so, daß ich von früh bis spät tropfnaß war. Es herrschte 98% Luftfeuchtigkeit, und das sonst leichte Bepacken des Fahrzeuges wurde zur Schwerarbeit.

Wie einfach ist es doch mit der Vorbereitung einer Jagd in Europa! In Afrika nimmt eine solche Vorbereitung mehrere Tage in Anspruch, und mit Überlegung muß an alles gedacht werden. Eine unbedeutend scheinende Kleinigkeit kann, wenn sie vergessen wird, zur Katastrophe führen. Selbst wenn man einen Wagen hat, der expeditionsmäßig ausgerüstet ist, braucht man noch eine Unmenge von Gegenständen: Zelt, Hängematte, Moskitonetz, Decken, Wasserwannen, Kübel, Küchenausrüstung, Kanister für Wasser und Benzin sowie für Öl, Säcke mit Salz, Kisten mit Konserven aller Art, Dauerbrot, Zwieback, Kartoffeln, Mehl, Reis und

Zucker; für das Fahrzeug selbst die wichtigsten Ersatzteile, doppelte Ersatzreifen, Flaschenzug, Säge, Beil, Hacke, Schaufel, ferner Sandbleche, die allein 80 Kilo wiegen.

Die Lebensmittel verlangen eine Verpackung, die vor der Hitze schützt, und das Verstauen der Kisten und Behälter muß gut durchdacht sein. Alle Dinge müssen ihren bestimmten Platz haben, müssen erreichbar sein, ohne daß man das halbe Fahrzeug auszuräumen braucht. So spielt die Reihenfolge des voraussichtlichen Bedarfs eine Rolle, und der Lageplan all der Dinge muß im Gedächtnis bleiben, will man mit einem Griff das finden, was man sucht. Waffen, Munition und Jagdausrüstung müssen griffbereit zur Hand sein.

Meine Waffen bestehen aus einer 9,3x64 Brennecke, einer 7x57 Repetierbüchse und einer Repetierflinte Mossberg, Kal. 16. Die Brennecke ist heute das Universalgewehr des Großwildjägers. Von der Verwendung der früher üblichen großkalibrigen Holland Holland 375 Magnum und 465 sowie der Rigby 416 ist man heute abgekommen. Man findet sie nur noch bei den beruflichen Jagdführern, für die sie eine Art Sicherheitskanone zum Schutze ihres Jagdgastes darstellen. Die 9,3x64-Großwildpatrone reicht aus, um den stärksten Elefanten oder Büffel zu strecken.
Neben den Waffen ist die Tropenapotheke das Wichtigste, denn im Busch ist jeder sein eigener Arzt. Der Großwildjäger muß mindestens die Kenntnisse eines ausgebildeten Sanitäters haben. Dazu muß er die Symptome der Tropenkrankheiten kennen, um rasch helfen zu können. Wenn man tausend und mehr Kilometer vom nächsten Arzt entfernt ist, muß man sich selbst helfen können, oder man ist verloren.

Dasselbe gilt für das Fahrzeug. Wer nicht in der Lage ist, es zumindest notdürftig zu reparieren und fahrbar zu halten, kann sein Fahrzeug abschreiben, denn ein Abschleppen oder Abholen gibt es nicht.

So ist das Packen für eine Safari immer eine große Sache. Wenn man den Berg von Dingen zurechtgelegt sieht, glaubt man nicht, daß dies alles in das Fahrzeug paßt. Dazu muß an die gleichmäßige Belastung der Räder gedacht werden. Weil man große Mengen Benzin mitzuschleppen hat, wird eigentlich bei jedem Safariwagen die Höchstbelastungsgrenze überschritten. Es gibt zwar vereinzelt im Busch bei Diamantenminen Benzin zu kaufen, aber wer zahlt schon gerne für einen Liter Benzin DM 4,– und mehr!

Trotzdem ist die Vorbereitung einer Safari eine schöne Arbeit, denn sie bringt die Atmosphäre jagdlicher Vorfreude mit sich. Immer wenn ich die Häuser der Stadt hinter mir lasse, wenn der rote Sandstaub der Pisten mein einziger Begleiter ist, habe ich plötzlich das Gefühl der Freiheit. Da gibt es keine Einengung durch die Zivilisation; in der Weite der Savannen, des Busches ist man wirklich frei. Da ist nichts, auf das man Rücksicht nehmen müßte, man ist allein mit und in der Natur, ja man wird ein Teil von ihr. All die Dinge, die sonst so ungeheuer wichtig erscheinen, sind wie weggewischt. An die Stelle der Bequemlichkeit, der Geborgenheit tritt die Freude an der körperlichen und seelischen Bewährung. Alles Tun und Lassen wird vom Selbsterhaltungstrieb bestimmt. Das Suchen und Überwinden von Gefahren wird Antrieb zu einer Lebensform, die es eben nur noch in den weiten Jagdgründen Afrikas gibt. Sie ist Freiheit in wirklichem Sinn.

Der gefleckte Herrscher

Eine Woche war ich bereits in meinem Jagdlager Quanta Djalle. Es befand sich nördlich des gleichnamigen Dorfes, inmitten eines reichen Wildbestandes. Täglich kam der Häuptling des Dorfes und bat mich, einen Leoparden zu schießen, der jede Nacht ins Dorf käme, um sich Ziegen und Hunde zu holen. Ich versuchte ihm klar zu machen, daß wir Jagdführer beschlossen hatten, keine Leoparden zu bejagen, damit sich der Bestand dieser herrlichen Großkatze vergrößern kann. Unser Antrag bei der Regierung, den Leoparden von der Liste der jagdbaren Tierarten zu streichen, war abgelehnt worden. Wir waren nur zum Schuß auf einen Leoparden bereit, wenn durch ihn Menschen gefährdet wurden.

Der Häuptling hatte den Leoparden mehrmals gesehen, man hatte ihn erfolglos mit Giftpfeilen beschossen. Da man aber auch ein flüchtendes Jungtier beobachtete, nahm man an, daß es sich um ein Leopardenweibchen mit Sprößling handelte.

Als ich wieder einmal schon bei Sonnenaufgang das Lager verlassen wollte, erwartete mich der Häuptling in großer Erregung. Lang und breit berichtete er das Vorkommnis der letzten Nacht. In einer der Kegeldachhütten am Dorfrand schlief eine alleinstehende alte Frau. Ihr einziger Gefährte war einer jener Hunde, die in allen Dörfern dürr und räudig herumstreunen und frech jeden Fremden anfallen, der nicht zum Dorf gehört.

Der Hund dieser Frau schlief unter dem Gestell ihres Grasmattenbettes. In der vergangenen Nacht seien die Nachbarn der Frau durch einen Schrei erwacht. Aus deren Hütte sei ein Leopard gesprungen, der den getöteten Hund im Fang hatte. Beim Betreten der Hütte bot sich ein furchtbares Bild. Die alte Frau lag blutüberströmt vor ihrem Bett, der Leopard hatte sie getötet.

Ich fuhr mit dem Häuptling sofort ins Dorf. Die gesamte Bevölkerung war vor der Unglückshütte versammelt und begrüßte mich mit viel Geschrei. Einige Frauen bedrängten mich als Zeugen und schilderten, wie sie den aus der Hütte flüchtenden Leoparden gesehen hätten. Ich betrat die Hütte und war vom Anblick, der sich mir bot, recht erschüttert. Der armen Frau war der Hals zerfleischt, und neben ihr lagen Büschel von Hundehaaren.

Den Schauplatz verlassend, suchte ich im angrenzenden Maniokfeld nach Leopardentritten. Deutlich war der Fluchtweg der Katze zu erkennen. Am Buschrand hatte sie ihre Beute wohl kurz abgelegt, denn da entdeckte ich eine Blutlache und etliche Büschel Hundehaare.

Der Häuptling zeigte mir verschiedene Leopardenfallen, die man seit Wochen rund um das Dorf aufgestellt hatte, die der gerissene Räuber jedoch gemieden hatte. Weiter führte er mich zu einem alleinstehenden Baum, auf dem einst sein Sohn gesessen habe, als er den Leoparden mit Giftpfeilen beschoß. Ich bestieg den Baum und stellte fest, daß ich aus dessen Wipfel den gesamten Buschrand übersehen konnte. Bis zum Abend ließ ich in einer Astgabel eine Sitzbank richten, und mein Hochsitz für die Nacht war fertig.

Leoparden sind nicht nur gefährlich und listig, sondern auch sehr schlau. Ich war gespannt, ob die Mörderkatze in der kommenden Nacht wiederkommen würde. Von meinem Hochsitz aus konnte ich jede Annäherung sofort erkennen, zumal die Nächte kurz vor Vollmond taghell waren.

Groß schob sich die gelbe Scheibe des Mondes über die Baumwipfel empor, als ich aufbaumte und meinen Hochsitz einnahm. Bis gegen Mitternacht saßen die Dorfbewohner vor ihren Hütten an den Feuern, die sie geschickt am Brennen halten. Von drei Seiten werden zur Feuermitte dicke Äste nachgeschoben, so daß man nicht einmal aufstehen muß.
Die Ziege, die ich in der Mitte zwischen Buschrand und meinem Baum hatte anbinden lassen, zerrte anfangs am Pflock, wurde aber bald ruhiger und legte sich nieder. Nach und nach krochen die Leute in ihre Hütten, es wurde still. Nur ab und zu loderten die Flammen einzelner Feuer hoch und sanken dann zu glimmenden Haufen zusammen.

Der Vollmond gab ein gespenstisches Licht. Die Schatten waren so tiefschwarz, daß darin nichts zu unterscheiden war. Große Nachtvögel kreisten mit klatschendem Flügelschlag um meinen Hochsitz. Anscheinend hatte ich ihren Ruhebaum besetzt. Aus der Ferne kamen Schrecklaute, ein Zeichen, daß Raubwild unterwegs war.

Gerade hatte ich auf die Uhr gesehen – es war zwei Uhr früh –, als die angebundene Ziege aufsprang. Erst stand sie still und sah zum Buschrand, dann aber zerrte sie am Strick, um loszukommen. Ich entsicherte die Büchse und suchte mit dem Glas den Buschrand ab. Nichts war zu sehen, nichts rührte sich. Doch die Ziege zerrte verzweifelt an ihrer Fessel. Sie mußte die Nähe des Leoparden wittern.

Da kreischten plötzlich Affen und flüchteten von Baum zu Baum. Das war die Bestätigung, daß die Raubkatze unter ihren Schlafbäumen dahinschlich. Ich suchte angestrengt den Buschrand ab, denn die Affen hatten mir die Richtung gewiesen. Die arme Ziege stand mit gespreizten Beinen bewegungslos gegen den Strick gestemmt da. Oft glaubte ich eine Bewegung zu erkennen, aber wenn ich das Glas ansetzte, war nichts zu sehen. Dabei mußte der Leopard längst am Buschrand lauern. Aber diese Kerle sind schlau und vorsichtig, sie nehmen nicht so leicht einen Köder an.

Als die Ziege ihr Zerren aufgab und einige Male um den Pflock kreiste, um sich dann mit einem kurzen Meckern niederzulegen, wußte ich, daß der Leopard dem verlockenden Abendmahl nicht getraut hatte und abgezogen war. Daß er diese Nacht nicht wiederkommen würde, war klar.

Um halb vier morgens graute es im Osten. Aus einer Hütte kroch ein Mädchen und fachte das Feuer an. Steif kroch ich von meinem Hochsitz und legte mich in meinen Wagen, um noch etwas zu schlafen.

Aber dazu kam es nicht. Kaum eingenickt, wurde ich geweckt. Ein Mädchen hatte eben bei der 800 Meter entfernten Wasserstelle ihre Kalebassen füllen wollen, als sich ihr ein katzengroßer junger Leopard fauchend genähert habe. Alles zurücklassend, sei sie ins Dorf gelaufen. Zitternd stand das Mädchen vor mir und berichtete.

Ich suchte mir einen Boy aus, nahm die Büchse und die Repetierflinte und ging Richtung Wasserstelle. Wenn die Geschichte mit dem jungen Leoparden stimmte, konnte die Mutter nicht weit sein. Ich mußte so auf ein Zusammentreffen auf kurze Entfernung rechnen, und da war die Flinte mit der kräftigen Brennecke sicherer als die Büchse.

Hier hat ein Leopard aufgebaumt. Die „Handschrift" seiner Krallen ist deutlich zu erkennen.

Ich hatte ein ungutes Gefühl beim Gedanken, vielleicht ein Leopardenweibchen strecken zu müssen, noch dazu, wenn es vielleicht ein Junges führt. Aber ich mußte wohl. Denn wenn diese Großkatze schon in einer Hütte Menschen tötet, so ist erst recht damit zu rechnen, daß sie Menschen beim Wasserholen überfällt.

An einem Baumstamm entdeckte ich lange senkrechte Risse in der Rinde. Sie stammten von dem Leoparden, hier hatte er aufgebaumt. Ein Stück weiter lag frische Leopardenlosung. Der Boy führte mich zur Wasserstelle. Obzwar wir gegen den Morgenwind gingen, war äußerste Vorsicht geboten. Nahe der Wasserstelle, an der rundum das Holz geschlagen war, wollte das Mädchen also den Jungleoparden gesehen haben. Im Umkreis von etwa 30 Metern war freie Sicht. Dann begann der Busch, von rotleuchtenden Termitenhügeln durchsetzt.

Wir setzten uns hinter einem dreistöckigen Termitenpilz an. Ich hatte die Flinte entsichert. Hinter mir hockte der Boy mit meiner Büchse. Es war unheimlich still. Selbst die lärmenden Graupapageien waren stumm. Da berührte der Boy meinen Arm und deutete an sein Ohr. Auch ich hatte etwas gehört. Es klang wie ein kurzes Schnarchen oder Knurren. Bald schien es aus der Nähe zu kommen, bald von weit her. Nach längerer Pause erneut dieses Knurren. Es war kein Zweifel, es mußte ein junger Leopard sein, der mit etwas nicht fertig wurde und sich ärgerte.

Der Morgenwind hatte sich indessen gelegt, und ich prüfte mit dem ,,Puh-Puh'' die Luftbewegung. Mein Schreck war nicht gering, denn die weiße Asche schwebte langsam von uns weg, genau in Richtung des Knurrens. Rasch schlichen wir seitwärts davon. Wir waren in einer heiklen Lage. Wenn die Leopardenmutter von uns Wind bekam, war jeden Augenblick mit ihrem Angriff zu rechnen. Ich hatte dies schon erlebt und aus Selbsterhaltungstrieb meinen ersten Leoparden erlegt.

Das Zusammentreffen mit einer jungeführenden Leopardin ist das Gefährlichste im Busch. Während der Löwe seinen Gegner direkt annimmt, greift der Leopard zur List. Er baumt auf oder legt sich gedeckt in den Weg, läßt seinen Gegner vorbei, um ihn dann von rückwärts anzugreifen. All diese Angriffsarten wurden erlebt und beobachtet.

90

Mit den Händen deutend, wies ich den Jungen an, ausschließlich das Gelände hinter uns zu beobachten, während ich vor- und seitwärts suchen wollte. Er war sehr erregt und zitterte. Ich verstand dies, ist doch der Leopard das Wild, das die Eingeborenen am meisten fürchten und hassen.

Wir mochten 200 Meter seitwärts zurückgelegt haben, als mich der Boy am Arm faßte. In seinem Gesicht stand Entsetzen, und zitternd zeigte er zu einem Busch, der kaum 15 Meter hinter uns war. Instinktiv hockte ich mich nieder und ging in Anschlag. Der Junge kroch hinter mich. Aber so sehr ich suchte, ich konnte nichts erkennen.

Doch dann, – am äußersten Rand des Busches bewegte sich etwas. Es war die lange Rute des Leoparden, die schräg aufwärts gestellt aus dem Blattwerk ragte. Die Rutenspitze machte kreisende Bewegungen. Die Flinte im Anschlag, richtete ich mich auf. Da fuhr der Gefleckte heraus. Ich zog ab, und im Krachen streckte sich die Katze hoch und fiel nach hinten. Ich jagte einen zweiten Schuß nach, sie wälzte sich auf die Seite und lag dann still.

Ich holte erst einmal tief Luft und klopfte dem Jungen anerkennend auf die Schulter. Ich war tropfnaß, hatte in Sekunden wie ein Rennpferd geschwitzt. Ja, was wäre jetzt, wenn der Schwarze nicht gewesen wäre? Wenn er mit seinen scharfen Augen nicht die Raubkatze entdeckt hätte?

Schußbereit ging ich zum Leoparden – Jagd vorbei.

Vor mir lag ein Weibchen mit wunderschön dunkel gezeichnetem Fell. Die gelben Lichter sahen mich, obwohl gebrochen, wie mit tödlichem Haß an.

Ich gab dem Jungen einen 500-Franc-Schein und bedeutete ihm, daß er keine Schnurrbarthaare ausziehen dürfe. Er verstand und nickte grinsend. Die Schnurrbarthaare des Panthers sind bei den Eingeborenen nämlich sehr gefragt und wertvoller als Geld. Man verwendet wie in alten Zeiten die Haare, um einen unliebsamen Gegner ins Jenseits zu befördern. Das geschieht so, daß die feingehackten Haare dem Maniokbrei beigemischt werden. Wer das ißt, dem spießen sich die Widerhaken-Haare in die Darmwand, und nach Entzündungen geht er qualvoll zugrunde.

Der nächtliche Räuber war nun erledigt. Aber nun hatten wir die schwierige Aufgabe, das Jungtier zu fangen, es erst einmal zu finden, denn der kleine Kerl war allein nicht lebensfähig, weil er nach der Schilderung des Mädchens höchstens vier Wochen alt sein konnte. Da ich bereits im Vorjahr aus Notwehr eine Panthermama erlegen mußte und nachher den drei Wochen alten Sprößling fing, hatte ich bereits ein wenig Erfahrung in der Aufzucht.

Wir setzten uns in Nähe des erlegten Leoparden an. Das Junge würde die Mama suchen und, der Wittrung folgend, auch finden. Dann hieß es flink sein, um den kleinen Kerl zu erwischen, wenn er im ersten Schreck das Flüchten vergaß. Ich legte Gewehr und Fernglas ab und zog das Hemd aus. Dieses sollte als Fangnetz dienen, denn zu sehr hatte ich die Kratzwunden in Erinnerung, als ich vor einem Jahr das Jungtier mit bloßen Händen fing. Dem Boy gab ich einige Schnüre, damit er die Läufe des Tieres zusammenbinden konnte.

Eine gute Stunde warteten wir vergeblich. Die Schüsse mochten den kleinen Kerl zu sehr erschreckt haben. Doch dann meldete er sich. Ganz zart hörten wir den Ruf nach der Mutter, ein Pfeifen wie ein Vogelruf. Ich ahmte mehrmals das Pfeifen nach, um dem Kleinen die Richtung zu weisen.

Zufrieden tragen die Männer den gestreckten Leoparden heim,
der ihr Dorf in Angst und Schrecken versetzt hatte.

Wieder kam der suchende Laut, aber schon bedeutend näher. Nach einer Weile entdeckte ich den Kleinen. Unbe-
kümmert tappste er daher, um in kleine Sprünge überzuge-
hen, als er Witterung von der Mama bekam.

Meinen Begleiter hatte ich angewiesen, sich plötzlich aufzurichten, sowie das Junge bei der Mutter wäre. Ich selbst
wollte mich von rückwärts auf den Kleinen werfen, wenn er
sich erschreckt gegen den Boy wenden würde.

Ich hatte gerade noch Zeit, einen Bogen zu laufen und hinter
den kleinen Kerl zu kommen, als er zur Mutter sprang. Beim

Geruch des Schweißes sträubte er die Haare und zog die Lefzen hoch. Da richtete sich der Boy auf. Der Kleine sprang sofort gegen ihn und fauchte ihn giftig an. Aber dann erschrak er wohl selbst über seinen Mut und marschierte mit steif abgespreizten Läufen rückwärts, genau zu mir. Gerade wollte ich mich auf ihn werfen, als er sich umdrehte und an mir vorbeisprang.

Nun hieß es aufpassen, damit wir den Kleinen nicht aus den Augen verlören. Er sprang kreuz und quer, ließ uns auf einige Meter herankommen, um dann neuerdings zu flüchten. Doch bald wurde er langsamer, er legte sich manchmal hin, seine Kräfte gingen zu Ende. Aber auch uns ging die Puste aus. Als der Kleine wieder einmal eine Fluchtpause einlegte, kamen wir an ihn heran. Zähnefletschend erwartete er uns, und nach dem alten Rezept machten wir den zweiten Fangversuch. Mein Boy näherte sich dem Kleinen mit einem Bündel Äste, die er schützend vor sich hielt. Wütend schlug die kleine Katze mit ihren Pranken danach.

Indessen war ich nahe hinter sie gekommen, warf ihr das Hemd über und griff zu. Der Junge besorgte das Fesseln der Läufe. Da die Schwarzen selbst vor dem kleinsten Leoparden Angst haben, mußte ich das Tier selbst bis ins Dorf tragen. Dort war großer Jubel über mein Waidmannsheil und das Fangglück. Der erlegte Leopard wurde unter Geschrei und Tänzen eingeholt. Ich freute mich über meinen kleinen Schützling, den ich nun aufziehen und zähmen wollte, wie schon einen zuvor.

Im Jagdlager fertigte ich für den kleinen „Sangho" – so hatte ich ihn getauft – ein Halsband und legte ihn an die Leine. Dann nahm ich ihm die Fußfessel ab. Erst sprang er wütend herum, zerrte am Halsband, doch als ich ihn allein ließ, beruhigte er sich, beschnupperte seine neue Umgebung und legte sich schließlich hin. Am nächsten Morgen war er vollends ruhig, hatte sich meiner Sandalen bemächtigt, trug sie spielerisch herum und zerrte an dem Riemen. Er hatte Hunger und piepste immer öfter. Inzwischen hatte ich aus einer Filterflasche eine Säuglingsflasche gemacht und in Ermangelung eines Schnullers ein Stück dünnen Schlauch daran befestigt. Nun begannen meine Mutterpflichten. Ich verdünnte Dosenmilch, löste darin eine Calciumtablette und füllte damit die Flasche. Als ich sie Sangho hinhielt, wich er zunächst zurück, beschnupperte dann aber den Schlauch. Als durch leisen Druck aus der Kunststoffflasche ein Milchstrahl spritzte, der seine Nase traf, leckte er und faßte gierig den Schlauch. Und schon nuckelte er schmatzend. Damit war der wichtigste Schritt getan, denn ich hatte es bei Freunden erlebt, daß ein gefangenes Leopardenkätzchen die Nahrungsaufnahme verweigerte, so daß man es einschläfern mußte.

Jeden Morgen vor der Pirsch erfüllte ich meine „Mutterpflicht". Sie wurde bald überflüssig, denn Sangho begann, die Milch aus einer Schale zu lecken. Das Kätzchen hing nach einigen Wochen so an mir, daß ich es beaufsichtigt frei umherlaufen ließ. Wohin ich auch ging, es folgte mir. Sogar die Dorfbewohner hatten ihre Scheu vor dem kleinen „Raubtier" abgelegt. Sie neckten Sangho und spielten mit ihm. Im Alter von elf Monaten nahm ich ihn mit nach Deutschland, wo er sich rasch in meiner Wohnung einlebte. Bei Spaziergängen über Felder und Wiesen ließ ich ihn sogar frei laufen. Sobald ich mit der Trillerpfeife pfiff, suchte er mich und kam zurück.

Es war uns gelungen, das
verwaiste Leopardenkind
einzufangen. „Sangho"
im Alter von vier
Monaten auf dem Arm
des Verfassers.

„Sangho" entwickelte
sich zu einem Pracht-
exemplar und wurde
völlig zahm. Hier ist er
etwa ein Jahr alt.

96

Gepanzerte Gefahr

Es sollte auf Elefanten gehen. Und das bedeutet, daß die Kugel auf anderes Wild im Lauf bleiben muß. Denn meistens setzen sich Elefanten bis 20 Kilometer ab, wenn in ihrer Nähe ein Schuß fällt. Ich sage meistens, denn ich habe es auch schon anders erlebt.

Ich war unterwegs, um östlich von Djima zu jagen. Als ich zum Fluß Bouye kam, um dort mit der Einbaumfähre überzusetzen, fand ich eine merkwürdige Situation vor. Zu beiden Seiten des Flusses standen oder saßen Hunderte von Eingeborenen. Nichts vom üblichen Palaver, alle waren still. Die Fährenbesatzung gestikulierte am Ufer, während ein Fetischmann tanzte.

Als ich anhielt und mein Fahrzeug verließ, war ich sofort von schreienden Leuten umringt. Ich verstand kein Wort, bis sich ein junger Bursche zu mir durchwühlte und mir in französischer Sprache erklärte, was hier vorgefallen war. Vor wenigen Stunden hatte der Häuptling von Djima versucht, der Fährenbesatzung beim Einschieben der Fähre zu helfen. Er war dabei ins Wasser gestiegen, um zu schieben, während die anderen mit Stangen vom Ufer abdrückten. Plötzlich sei ein Krokodil aufgetaucht und hätte den Häuptling unter Wasser gezogen. Außer aufgewühltem Schlamm war nichts mehr zu sehen. Mich überraschte das nicht, denn ich war an diese alltäglichen Schicksale im Busch gewöhnt. Der eine wird vom Büffel aufgespießt, der andere vom Elefanten zertrampelt, wieder andere sterben durch Schlangenbiß oder Raubtiere.

Da ich hier nicht helfen konnte, fragte ich den jungen Mann, ob man mich mit der Fähre übersetzen könne, denn ich hätte es eilig. Kopfschütteln und Geschrei der Umstehenden war die Antwort. Also hieß es wie so oft – warten.

Am anderen Ufer begann man mit Totentänzen und bewegte sich um eine kleine Gruppe, die Angehörigen des Häuptlings. So vergingen fünf Stunden. Alle hockten nach wie vor herum. Als ich Ölstand, Batterie und Vergaser kontrollierte, war ich sofort von Neugierigen umringt. Auch der junge Dolmetscher stand wieder da. Ich winkte ihn zu mir und sagte ihm, daß ich keine Fähre mehr brauche, weil ich umkehren und zurückfahren wolle. Da wurde er sehr erregt und rannte zur Fährenbesatzung. Ich beobachtete, wie man am Ufer gestenreich palaverte und stritt, wobei das letztere das Normale ist.

Nach einer Weile kam der Bursche zurück und erklärte mir, daß man mich mit der Fähre übersetzen würde, wenn ich das Krokodil geschossen hätte, das den Häuptling getötet habe. Die Bestie müsse getötet werden, damit die Seele des Häuptlings frei werde. Ich kannte diesen Glauben der Eingeborenen und wußte, daß ich hier nicht wegkommen würde, bevor ich nicht ein Krokodil erlegt hätte. Im Stillen war ich über das Angebot recht froh, denn Umkehr hätte nicht nur all meine Pläne umgeworfen, sondern ich wäre mit meinem Benzinvorrat nicht mehr bis zum Oubanguifluß gekommen. Dennoch tat ich so, als ob mich das Angebot nicht interessierte und stieg in den Wagen. Aber da hatte ich mich getäuscht! Schreiend stellte sich der Medizinmann vor mein

Fahrzeug und gab zu verstehen, daß ich nicht wegfahren dürfe. In Sekunden war mein Fahrzeug von einer Menschenmauer umgeben, die eine drohende Haltung einnahm. Als ich ausstieg, kam der junge Dolmetscher und sagte, der Geist des Häuptlings müsse noch vor Einbruch der Nacht frei sein.

So nahm ich meine Büchse und ging zum Fluß hinab. Mein Weg führte durch eine Mauer von Menschenleibern. Alle Schwarzafrikaner begannen jetzt zu tanzen, gröhlend hüpften sie hin und her. Eine lange Piroge (Einbaum) wurde ins Wasser geschoben und mit zehn Männern besetzt. Kaum hatte ich mich auf den engen Boden gesetzt, stieß man ab.

Der Fluß hatte eine starke Strömung, das Boot glitt rasch dahin. Der Dolmetscher sagte mir, daß man etwa zwei Kilometer abwärts fahre, um den Liegeplatz der Krokodile zu erreichen, wo viele dieser Reptilien im Gras lägen.

Als der Fluß breit wurde, lenkten die Burschen das Boot in Ufernähe, und bald glitten wir geräuschlos unter überhängenden Baumkronen dahin. Mitunter wurde es unter dem dichten Blätterdach fast Nacht, und es war gespenstisch, wenn die Stille durch das Flüchten aufgeschreckter Affen unterbrochen wurde. Dann kam die Grasbank in Sicht, und ich gab das Zeichen zum Anhalten. Mit herabhängenden Lianen wurde das Boot festgezurrt.

Mit dem Glas suchte ich die Grasbank ab und zählte siebzehn riesige Echsen. Ich machte dem Dolmetscher klar, daß nur ein Mann mitkommen dürfe, und stieg an Land. Doch was ich für festen Boden hielt, war Morast, in dem ich sofort bis zu den Knien versank. Mühevoll quälte ich mich durch den zähen Brei, bis ich mich auf etwa achtzig Meter der Grasbank genähert hatte. Die langgestreckte Bank war

Reglos döst eine Ansammlung von Krokodilen auf einer Grasbank.
Die Echsen halten Siesta und sehen recht friedlich aus.

durch Buschwerk unterteilt, so daß immer drei bis vier Tiere
beisammenlagen.

Die träge dösenden Krokodile boten in ihrer Siesta geradezu
ein friedliches Bild. Aber der Gedanke, daß in einem der
Bäuche der Häuptling verdaut würde, ließ mich die Grasbank gleich wieder richtig sehen. Vorsichtig schob ich mich
im Schilf vorwärts und gab meinem Begleiter ein Zeichen, er
möge zurückbleiben. An seinem Grinsen erkannte ich, daß
er darüber recht froh war.

In etwa sechzig Meter Entfernung sah ich ein besonders großes Krokodil, das etwas abseits von den anderen Tieren lag.
Plötzlich erhob sich vor mir aus dem Schilf ein Reiher, und
sofort kam Bewegung in die Echsen. Mit unvorstellbarer
Schnelligkeit glitten die Riesenleiber ins Wasser, flüchteten
die weit vom Ufer entfernten durch das Gras. Die Echse, die

100

ich für den Abschuß ausersehen hatte, war zum Glück weniger nervös und sah als erfahrenes Alttier erst einmal der Massenflucht zu. Rasch nahm ich den Halsansatz des Tieres ins Fadenkreuz meiner Büchse und drückte ab. Das Tier bäumte sich und warf den Kopf mit weit aufgesperrtem Rachen nach oben. Mein zweiter Schuß peitschte zur Grasbank, die Echse lag still.

Eilig kam die Piroge heran, ich sprang hinein, und in wenigen Minuten lief das Boot knirschend im Ufersand auf. Keiner der Burschen verließ die Piroge. Aufgeregt schwatzend standen sie im Boot und machten mir deutlich, was ich tun solle. Ich kannte dies von früher und wußte, daß keiner so leicht an ein erlegtes Krokodil herangeht, wenn diesem nicht der Fang zugebunden ist. So schnürte ich die mehr als sechzig Zentimeter langen Kiefer zusammen. Erst als ich den mächtigen Schädel hob und ihn wieder ins Gras fallen ließ, sprangen die Männer an Land und schleppten die Echse ins Boot.

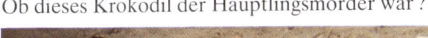

Ob dieses Krokodil der Häuptlingsmörder war?

Mühsam ruderten sie gegen die starke Strömung, und es dauerte lange, bis wir bei der Fähre anlangten. Die Wartenden hatten meine Schüsse gehört und das Zeremoniell für die Befreiung der Seele des Häuptlings eingeleitet. Es brannten viele Feuer, und die Männer hatten sich rot und weiß bemalt. Nach den dumpfen Tönen der Tam-Tam tanzten sie im Kreis.

Ich fuhr auf die Fähre und kräftige Burschen ruderten mich zum anderen Ufer, wo mich eine Menschenmenge schreiend feierte und ein Stück Weges begleitete.

Dann war ich endlich allein. Ringsum Stille. Ich war froh, als ich nur noch das Brummen des Motors hörte. Ich dachte über die Vorstellungen der Eingeborenen nach, die sie vom Krokodil hatten. Sie war mir verständlich. Denn ihre Jagd mit Pfeilen und Speeren war immer erfolglos. Schließlich hat das Krokodil unter seiner mit Hornplatten bedeckten Haut noch einen festen Knochenpanzer. Für die Schwarzen war es unverwundbar, so daß sie staunten, wenn wir es mit unseren Waffen töteten.

Die Krokodile haben als einzige mit den Großsauriern der Vorwelt nahe verwandte Tierart bis in die Jetztzeit überleben können. Das Weibchen legt in eine Grube im Ufersand Eier und läßt sie von der Sonne ausbrüten. Die geschlüpften Jungen flüchten sofort in das Wasser, wo sie jedoch zu 50% von ihren eigenen Artgenossen aufgefressen werden. Das Wachstum beträgt anfangs pro Jahr etwa 25 cm. Ausgewachsen sind sie je nach Art zwei bis sechs Meter lang. Ihre Hauptnahrung besteht aus Fischen. Sie lauern aber häufig an den Tränken im seichteren Wasser, schießen vor, schnappen zu, ziehen ihr Opfer unter Wasser und ertränken es. Trotz ihrer gefährlichen spitzen Zähne können sie indes nicht kauen und auch nicht abbeißen, kleinere Beutetiere verschlingen sie ganz, von größeres reißen sie Teile ab, indem sie sich kräftig um die eigene Längsachse drehen. Tagsüber liegen diese wechselwarmen Panzerechsen am Ufer in der Sonne. Ihr weit aufgesperrter Rachen dient der Regulierung der Körpertemperatur. Daß die Eingeborenen das Krokodil in ihre Naturreligion einbeziehen, ist durch sein Erscheinungsbild verständlich.

Nie mehr ohne ...

Mit zwei französischen Freunden, drei Fahrzeugen und zwölf Fährtensuchern war ich unterwegs auf Elefantenjagd. Meine beiden Freunde hatten noch nie Elefanten bejagt und wollten St. Hubertus versuchen.

Vor Bria bogen wir nordwärts ab und folgten einer jahrelang nicht befahrenen Piste nach Ndala. Bis zu diesem Dorf wurde an Löchern, Querrinnen alles geboten, was eine afrikanische Piste zu bieten hat. Mit einer Durchschnittsgeschwindigkeit von 15 km/h erreichten wir spät nachmittags das kleine Dorf und richteten uns für die Nacht ein. Als ich dem Häuptling sagte, daß ich weiter nach Fort Buffalo wolle, sah er mich entgeistert an und erklärte aufgeregt, daß dies nicht möglich sei. Vier Sommer sei kein Jäger, kein Mensch dorthin gefahren, die Piste sei unerkennbar zugewachsen, die drei Brücken eingestürzt, und von Elefanten seien Hunderte von Bäumen umgeworfen, die quer über der Piste lägen. Diese Darstellung machte mir Sorge, denn auch wenn ich zwei Drittel von den geschilderten Schwierigkeiten als die gewohnte Übertreibung abstrich, blieb noch eine Menge übrig, was die Fahrt sauer machen konnte.

Am nächsten Morgen setzten wir uns in Marsch. Vor dem ersten Fahrzeug gingen drei Afrikaner und machten auf die im hohen Gras nicht sichtbaren Löcher aufmerksam. Sie räumten alle Äste weg, die im Wege lagen, und fungierten gleichsam als lebender Kompaß, denn vom Fahrzeug aus konnte man keine Piste mehr erkennen.

Doch bald begann die Leidenszeit. Man konnte kaum 100 Meter fahren, ohne daß ein umgeworfener Baum weggeräumt werden mußte. Bei kleineren Bäumen ging das mit Äxten und 30 Fäusten noch gut, aber als wir oft mehr als eine Stunde an einem Baum herumsägen mußten, hörte der Spaß auf. Es sollte noch dicker kommen. Als wir an den ersten vier Meter breiten, tief eingeschnittenen Bach kamen, war dort gerade noch zu erkennen, daß sich hier einmal eine Brücke befunden hatte. Also hieß es „auf, ihr Holzhackerbuben", Bäume fällen und die Brücke bauen. Nach Stunden harter Arbeit überquerten wir auf der „Bayernbrücke", wie ich sie taufte, den Bach. Mit solcher Abwechslung ging die Fahrt zwei Tage lang, dann hatten wir endlich Fort Buffalo erreicht.

Der Name sagt schon, daß dieser Ort in einem reichen Büffelgebiet lag und einmal in der Kolonialgeschichte eine Rolle spielte. Dabei bedeutet das Wort „Fort" nicht, daß man es hier mit einer Festung zu tun hat, sondern dieses Wort ist ein Ehrentitel.

Dieses hochklingende Fort Buffalo bestand aus fünf Strohhütten mit insgesamt 14 Einwohnern. Vor Jahrzehnten soll es einmal über dreißig Hütten mit 200 Einwohnern gehabt haben. Die Bürger von Buffalo liefen völlig nackt herum, sie kannten nicht einmal die Mode des Blätterbündels, das man vorne und hinten hinhängt. Daß sich hierher nur selten ein Weißer verirrte, war anzunehmen, denn die kleine Sippe begaffte uns wie Marsmenschen. Mein sprachgewandter Boy hatte alle Mühe, sich mit dem Häuptling zu verständigen, denn was man hier sprach, paßte in keinen Sangho-Dialekt.

Der Häuptling ließ mir sagen, daß sehr viele große Elefanten- und Büffelherden in der Nähe waren. Auch kämen jede Nacht Hyänen, die bereits alle Hunde getötet hätten. Für mich waren das erfreuliche Nachrichten, und gerne nahm ich das Angebot geländekundiger Führer an. Obwohl wir alle rechtschaffen müde waren, wollte ich keinen Tag mehr verlieren und setzte für den kommenden Morgen die erste Pirsch an. Bald hatten wir die Zelte gebaut und uns für einen längeren Aufenthalt eingerichtet. Als wir abends beim Lagerfeuer saßen, heulten ringsum Hyänen, und mehrmals ertönte das erregende Trompeten von Elefanten.

Lange lag ich unter dem Moskitonetz wach. Ich hatte mein Bett im Freien aufbauen lassen, denn ich liebte diese Buschnächte unter freiem Himmel. Über mir im tiefschwarzen Grund ein Sternengefunkel, wie ich es in Europa nur von klirrend kalten Winternächten in den Alpen her kenne. Aus allen Richtungen klangen Tierlaute zu uns, Vogelschreie, klagendes Rufen. Dann war wieder das Brechen vom Jagen und Gejagtwerden zu hören, das dann im Todesschrei der unterlegenen Kreatur ausklang. Sie waren aufregend schön, diese Buschnächte, und wer sie einmal erlebt hat, den packt ewig die Sehnsucht danach.

Als ich nochmals die Sicherung meiner neben mir im Bett liegenden Büchse überprüfte und die Stablampe griffbereit legte, tauchten am Rande des Lagers grüngelbe Punkte auf. Da sie sich paarweise bewegten, wußte ich, daß es Hyänen waren, die dem Dorf den gewohnten Nachtbesuch abstatten wollten. Das Rudel stand unschlüssig herum und wunderte sich wohl über die neuen Hütten, unsere Zelte.

Ich hatte keine Lust, nachts Wachen aufzustellen, um unsere Trophäen vor den Hyänen zu schützen. Deshalb entschloß ich mich, diesen Räubern gleich in der ersten Nacht einen Denkzettel zu verpassen. Vorsichtig kroch ich mit der Büchse aus dem Moskitonetz. Trotz der kaum zwanzig Meter Entfernung zu den Tieren brauchte ich eine Weile, bis ich die Lichter einer Hyäne im Fadenkreuz hatte. Nach dem Knall meiner Brennecke waren die grünen Leuchtpunkte verschwunden und es gab einen kleinen Aufruhr. Die Schwarzafrikaner kamen angerannt, um nach dem Grund meines Schießens zu sehen. Der Lichtstrahl meiner Lampe beleuchtete die tote Hyäne und gab die Antwort. Bald kehrte wieder Ruhe ein.

Der Schrecklaut einer Antilope weckte mich kurz vor der Morgendämmerung. In Minuten waren wir marschbereit und zogen los. Ich nahm meine beiden Freunde und einige Träger mit. Die übrigen sollten in alle Richtungen nach Fährten suchen. Bereits unweit des Lagers fanden wir Elefantenlosung, die jedoch schon etliche Stunden alt war. Nach einigen Kilometern standen wir vor einem Fährtenlabyrinth, wie ich es selten gesehen hatte. Die Erklärung dafür war rasch gefunden. In unmittelbarer Nähe befand sich ein kleiner See, und die umliegenden Buckel bestanden aus salzhaltigem Sand.

In den schrägen Hängen entdeckten wir Hunderte kleiner Löcher. Wenn man einen solchen Hang betrat und mit dem Fuß stampfte, schwirrten aus allen Löchern kleine rotgefiederte Vögel, als hätte man sie herauskatapultiert. Wie Geschosse verließen sie ihre Brutröhren.

Aus dem Fährtenlabyrinth wählte ich den riesigen Sohlenabdruck eines Elefanten und folgte ihm durch dichtes Unterholz. Als ich voraus aus dem Dickicht kroch und froh war, wieder aufrecht gehen zu können, mußte ich rasch wieder

Die beiden Jungelefanten stellen sich zur Schau,
als wollten sie im Zirkus auftreten.

meine Bückstellung einnehmen, denn auf kaum fünfzig Meter stand der Elefant da. Geräuschlos riß er Blätter ab; und als er sich etwas drehte, sah ich, daß der linke Zahn abgebrochen war. Nur ein kurzer Stumpen stand ab.

Ich winkte meinem Jagdgast ab. Der arme Elefanten-Invalide sollte sein Leben weiterführen können. Der Rückmarsch ins Lager erfolgte bei brütender Hitze.

Am kommenden Morgen neuerlicher Start zur Elefantenjagd meiner Gäste. Wieder fanden wir große „Schuhnummern", tiefe Trittsiegel, doch ich mußte bald feststellen, daß wir einen unruhigen Alten vor uns hatten, der kaum äste und es eilig hatte. Das Fehlen jeder Losung unterstrich dies. Weil es noch sehr früh war, entschloß ich mich trotzdem, dieser Fährte zu folgen und hoffte, daß der Bulle vielleicht doch Frühstückshunger bekommen und in ein äsendes Bummeln übergehen würde. Nach fünf Stunden Verfolgung gab ich auf, wir kehrten um.

Als wir den Wagen erreichten, war es bereits 10 Uhr, ich wollte die Frühpirsch beenden. Doch kaum waren wir ein Stück in Richtung Lager gefahren, stoppte ein Fährtensucher. Er hatte seitwärts der Piste einen großen Haufen Losung entdeckt. Halten, Abspringen, Finger in die Losung – und dann gab es frohe Gesichter. Die Knödel waren warm, also ging die Jagd doch noch einmal auf.

Bald stellten wir fest, daß hier zwei Elefanten ihre Visitenkarte hinterlassen hatten. Erst waren sie gemeinsam gebummelt, dann aber in verschiedene Richtungen gezogen und später sogar geflüchtet. Ursache war wohl unser Motorengeräusch. Flüchtenden Elefanten kann man nicht mehr folgen. Trotzdem wies ich die Jagdhelfer an, die eine Fährte noch ein Stück weiter auszugehen. Der anderen entlang der Piste wollte ich ein paar hundert Meter folgen. Zur Untersuchung der Losung hatte ich den Wagen ohne Gewehr verlassen. Nun ging ich auch ohne Gewehr die Piste entlang. Der im Wagen verbliebene Boy rief mir noch nach, ob er die Waffe bringen solle, aber ich winkte ab, wollte ja nur ein kleines Stück die Elefantenfährte verfolgen.

Ich hatte mich etwa zweihundert Meter vom Wagen entfernt, als ich seitlich des Weges ein Stampfen hörte. Und da stand auf zwanzig Meter ein gewaltiger Büffel, der zu mir äugte und zornig mit dem Vorderlauf stampfte. Da Büffel dies immer tun, bevor sie angreifen, und weil ich ohne Gewehr war, suchte ich krampfhaft nach einem Baum, auf den ich hätte klettern können. Doch weit und breit nur Sträucher, kein Baum! Da blies der Bulle und polterte ab.

Ich wußte aus Erfahrung, daß der Büffel nun einen Halbkreis laufen würde, um von rückwärts anzukommen. Ich rannte deshalb in Richtung Fahrzeug los. Als ich noch 50 Meter zum rettenden Wagen hatte, kam der Büffel angestürmt und raste genau auf das Stück Weg zu, das zwischen mir und dem Fahrzeug lag. Ich hielt an, diesen Wettlauf konnte ich nie gewinnen. Und nirgendwo ein Baum!

Der Büffel wurde langsamer und schob sich aus dem Dickicht auf die Piste. Zu meinem Glück äugte er sofort zum Wagen, so daß ich mich unbemerkt in das hohe Gras werfen konnte. Aber das war noch keine Rettung für mich. Sollte der Büffel Wittrung von mir bekommen, wäre es mein Ende. Als ich vorsichtig den Kopf hob, sah ich den Bullen noch immer auf dem Weg stehen, unverwandt zum Fahrzeug äugend. Zornig schlug er mit dem Vorderlauf immer wieder in die steinige Piste.

Diesen Krach hatte der Boy im Wagen gehört und stieg mit dem Gewehr in der Hand aus dem Wagen. Das war dem Bullen zu viel. Mit einem Satz verschwand er blasend im Dickicht. Ich lief wie ein Irrer zum Fahrzeug und umarmte den Prachtkerl, der mir gleichsam das Leben gerettet hatte. Dann nahm ich die Büchse und folgte zusammen mit meinem Retter vorsichtig dem Fluchtweg des Büffels. Doch bald gaben wir auf, denn der Büffel hatte sein Galopptempo beibehalten. Ich aber schwor mir im Stillen, nie mehr ohne Gewehr das Fahrzeug zu verlassen.

Die Grantige

Es gibt sogenannte Experten, die es in Abständen immer wieder für nötig halten, die Großwildjagd und die Jäger zu verdammen. Doch die Wirklichkeit zeigt, daß es oft gerade die Großwildjäger sind, die eine Ausrottung des Wildes in den freien Jagdgebieten verhindern und alles tun, um gefährdete Tiere zu schützen. So hatten die Großwildjäger in Zentralafrika schon vor Jahren von sich aus beschlossen, den in der Lizenz zum Abschuß freigegebenen Leoparden nicht zu bejagen, und dies zu einer Zeit, als in Nairobi, dem Mekka des Wildschutzes, noch mit Leopardenfell überzogene Klosettdeckel angeboten wurden.

Die gleichen Jäger setzten bei der Regierung durch, daß für zwei Nashörner (Weibchen mit Jungtier) unter der Gebietsnummer 15 ein 300 qkm großes Sonderreservat geschaffen wurde, um die selten gewordenen Tiere zu schützen. Die Nashornkuh war mit ihrem Sprößling aus dem Nachbarland zugewandert. Als Jäger die Tiere entdeckten, veranlaßten sie sofort das erwähnte Miniaturreservat, obwohl gerade dieser Raum bestes Büffelgebiet war.

An einem wundervollen Tag erreichte ich Yambala und richtete mich außerhalb des Dorfes häuslich ein. Ich wollte mit der Kamera Jagd auf das Nashornidyll machen. Ein schwarzer Wildhüter stellte mir einen Führer zur Verfügung, der die Wege der beiden Nashörner genau kannte.

Heute gehören die Nashörner zu den am meisten bedrohten Tierarten Afrikas.
Noch immer geistert das Märchen vom Horn als Aphrodisiakum
durch viele Köpfe, und deshalb werden die Tiere in großer Zahl gewildert.

Das Nashorn, eines der letzten Urtiere unserer Zeit, wurde
bis 1930 stark bejagt, weil man die Hörner im mittleren
Orient zu Phantasiepreisen verkaufen konnte. Dort wurde
nämlich das Horn zu Mehl zermahlen und als besonderes
„Anregungsmittel" verkauft. Die Tiere wurden deshalb in
ganz Afrika gewildert und waren dem Aussterben nahe.
Durch strenge Gesetze und Überwachung wurde das Nashorn geschützt und konnte sich erfreulich vermehren. In
letzter Zeit allerdings – dies ist allgemein bekannt – hat die
Wilderei durch die Unruhen in gewissen afrikanischen Län-

dern wieder erheblich zugenommen. Auch oder gerade die Nashörner haben darunter zu leiden.

In Afrika gibt es zwei Nashorn-Arten. Das Breitmaul- oder Weiße Nashorn und das Spitzmaul- oder Schwarze Nashorn. Sie sind indes weder weiß noch schwarz, beide Arten sind grau. Das Breitmaulnashorn wird bis zu vier Meter lang und erreicht eine Widerristhöhe bis zu zwei Meter. Sie leben in kleinen Verbänden von etwa zehn Tieren. Sie sind friedliche Grasfresser, sehen sehr schlecht und haben sich vor allem in Teilen Südafrikas dank vorbildlicher Hege stark vermehrt. Da in einem Reservat die Zahl dieser Drei- oder Viertonner bereits zu groß wurde, fing man junge Zuchtpaare und gab sie in andere Gebiete zur Einbürgerung ab.

Das Spitzmaulnashorn unterscheidet sich, wie der Name sagt, durch die Form seiner Lippen. Es ist kleiner, aber beim geringsten Anlaß zornig. Wie sein Breitmaul-Artgenosse sieht es sehr schlecht, hört dafür aber ausgezeichnet, auch der Geruchssinn ist hervorragend. Wenn von irgendwo das kleinste Geräusch kommt, rast es zu der Stelle mit hochgestrecktem Schwanz. Dabei schwingt es den gefährlich bewaffneten Kopf hin und her. Das Tier ist so angriffslustig und schneidig, daß es auch gegen Autos anrennt, wenn nicht rechtzeitig der Motor abgestellt wird. So manches Jagdfahrzeug wurde schwer beschädigt umgeworfen.

Die Nashornbullen sind selbst gegenüber ihren Weibchen sehr grob. Viele Nashörner haben in ihrer Haut oft große Wunden, die sehr schlecht heilen, weil die Aasfliegen ihre Eier dort ablegen. Auch die Symbiose mit den stargroßen Madenhackern nützt nichts. Die Vögel picken zwar immer wieder die Eier und Maden aus den Wunden, halten diese aber auch offen, weil sie beim Fehlen von Insekten kleine Fleischstücke herausreißen und so ihren Hunger stillen.

Die Nashornkuh hat eine Tragezeit von rund 17 Monaten und wirft ein Junges. In dieser Zeit ist sie sehr gefährlich. Die Nashörner, nach den Elefanten die größten Landsäuger der Erde, haben eine regelmäßige Lebensweise. Sie halten z. B. als eine der wenigen Tiere Afrikas Wechsel ein. Das ist günstig, wenn man sie finden will, aber auch gefährlich, wenn man zufällig auf einen solchen Wechsel gerät.

Die Sonne erhob sich gerade aus dem dicken Bodennebel, als ich nördlich von Yambala mit meinem Führer in den Busch einbog. Damit befanden wir uns im Familienreservat der beiden Nashörner. Das Gelände bestand aus ebenem Grasland und war mit kleinen Büschen durchsetzt. Auf weiten Flächen wuchs das wohlriechende Zitronellagras, aus dem die Eingeborenen Tee bereiten. Kaum zwei Kilometer von der Piste entfernt lag ein großer See, der jedoch jetzt, gegen Ende der Trockenzeit, fast völlig ausgetrocknet war. Als wir ihn erreichten, hatte er lediglich in der Mitte noch größere Pfützen und feuchten Schlamm.

Von einer kleinen Anhöhe konnte ich das gesamte Seegelände überblicken. Bei den Schlammstellen wimmelte es von Vögeln aller Art, die im feuchten Brei nach Nahrung suchten. Dazu herrschte ein lebhaftes Abfliegen und Landen, das von Geschnatter und Gezwitscher wie von einem Rauschen begleitet war. Auf den Bäumen längs des Seegeländes hatten große Reiher aufgebaumt, und hoch über uns kreisten ohne Flügelschlag Marabus und Aasgeier. Im Schatten eines Mangobaumes stand ein Sprung Riedböcke, und auf einer sandigen Böschung ackerten junge Warzenschweine. Das

Bild wechselte ständig. Wild verschwand, anderes Wild kam an. Nur von den Nashörnern war noch nichts zu sehen.

Der Führer zeigte auf einen Wechsel der Nashörner, der kaum fünfzig Meter an unserem Standort vorbei, aus einem Dornbusch kommend, schnurgerade zu den Schlammtümpeln führte. Dort, wo sich der ausgetretene Wechsel verlor, erkannte ich an der weithin zerteilten Losung das „00" der Nashornmama. Uns blieb nur das Warten, zumal der Führer sagte, daß die Mama ihren Sprößling sehr spät, das hieß um sechs Uhr früh, zur Suhle führe.

Tatsächlich, fünf Minuten nach sechs war ein hartes Trippeln zu hören, das so klang, als ob ein Pferd über das Kopfsteinpflaster einer Kleinstadt trabt. Die raschen Tritte wurden lauter, kamen näher. Da trippelte auch schon das junge Nashorn heran. Der Durst schien groß zu sein, denn der kleine Kerl steuerte, ohne links oder rechts zu sehen, dem Wasser zu. Das Tempo seiner Mama war ihm wohl zu langsam, sie trat erst aus dem Busch, als ihr Sproß bereits den Wassertümpel erreicht hatte. Unentschlossen stand die Mama da, den wuchtigen Schädel nach allen Seiten drehend.

Im Glas sah ich mir dieses lebendige Standbild näher an. Über den wulstigen Nasenlöchern setzte ein sehr starkes Horn an, das leicht nach hinten abbog, dahinter ein kleineres stumpfes Horn.

Die Augen waren ausdruckslos und die trichterförmigen Ohren dauernd in Bewegung. Dort, wo die vorderen Säulen aus dem massigen Körper kamen, hing eine dicke Hautfalte über. Nachdem Mama alles in Ordnung befunden hatte, setzte sie sich x-beinig in Bewegung. Wie ein Panzer stampfte sie zum Bade. Die vielen Wasservögel nahmen von

Das Nashorn ist nach dem Elefanten das größte Landsäugetier und wirkt wie ein Geschöpf aus längst vergangenen Zeiten.

den beiden neuen Gästen kaum Notiz. Nur wenn der Sprößling in Ermangelung eines Spielgefährten auf einen Reiher losstürmte, stob das Federwild auseinander.

Lange suhlten sich Mutter und Kind. Dann hatten sie genug und stiegen wie lebende Schlammklumpen aus dem Morgenbad. Kaum hatten sie sich geschüttelt, daß weithin die Schlammbrocken flogen, landeten auf ihren Rücken die Madenhacker. Sie blieben auch sitzen, als der Sprößling übermütig im Kreis raste. Bummelnd traten die beiden den Heimweg zu ihrem Einstand an. Wenn Mamas Liebling gar zu weit zurückblieb, drehte Mama mit brummendem Grunzen den Schädel.

116

Als die beiden in Höhe unseres Versteckes waren, warf ich einen Stein. Sofort verhielten sie. Das Junge rannte zur Mutter und schmiegte sich schutzsuchend an. Der Wind stand günstig, die Tiere bekamen keine Wittrung von uns. Ich warf einen zweiten Stein. Da raste die Mama mit gesenktem Schädel los. Sie rannte genau zur Stelle, wo der Stein aufgeschlagen war. Eine Weile stand sie ratlos, wippte hin und her und lief verärgert einen Kreis. Ich setzte mein Experiment fort und warf noch einen Stein. Ich wollte mich vom Schlechtsehen und Guthören überzeugen. Hinter uns stand ja ein astreicher Baum, den wir bei Gefahr rasch erklettern konnten.

Der Stein schlug kaum zwanzig Schritte vor uns auf. Sofort galoppierte Mama zu der Stelle und stand uns grantig gegenüber. Aufgeregt stampfte sie mit den Vordersäulen. Sie starrte genau zu uns. Ich bückte mich, kreiste mit den Armen. Ich wickelte ein ganzes Gymnastikprogramm ab, vergeblich. Der Koloß schaute mir gleichsam in die Augen, erkannte aber nicht, was ich geräuschlos tat. Als ich nochmals einen Stein hinter die Nashornkuh warf, drehte sie sich um und rannte blindlings darauf zu. Mein Experiment war gelungen. Nashörner hören und lokalisieren hervorragend, ihr Seh- und Identifizierungsvermögen indes ist miserabel.

Ballasida

Wieder war ich mit meinem „Chefpisteur", meinem besten Fährtensucher, unterwegs. Ballasida war ein prächtig gebauter junger Mann, geschmeidig wie eine Katze, flink wie ein Wiesel, mit Augen wie ein Panther. Er gehörte zum Sangho-Stamm am mittleren Ubangifluß in der Zentralafrikanischen Republik. Als Spezialist für die Elefantenjagd war er bereits zur Berühmtheit geworden. Noch nie hatte er eine Fährte verloren. Wenn er die Pirsch führte, kam man zum Erfolg. Er hatte lediglich drei unangenehme Seiten. Er liebte den Alkohol, liebte die Mädchen, wo immer er sie traf, und leider war er oft recht launisch.

Er hatte drei Burschen als Träger besorgt, die zugleich seine „Unterpisteure" waren. Sie sahen verwegen aus und fletschten ihre perlweißen Zähne, als ich ihnen die Hand gab. Solches waren sie von Europäern nicht gewohnt. Als sie ihre stinkenden Maniokbündel (Wurzelfrucht) im Wagen verstaut hatten, fuhr ich los.

Zwischen Koubou und Bria folgten wir nordwärts einer kaum erkennbaren Piste. Sie war vor vielen Jahren entstanden, als man etwa 100 Kilometer entfernt nach Diamanten gesucht hatte. Inzwischen war sie völlig zugewachsen und wurde nur dann und wann von einem Jäger befahren. Ballasida mußte oft vor dem Wagen hergehen, weil im hohen Sisangagras kein Weg mehr zu erkennen war. So brauchten wir für die rund 80 Kilometer über 7 Stunden. Dann war die Weiterfahrt zu Ende, denn eine alte Baumstammbrücke über einen sechs Meter tiefer fließenden Bach war verfault und eingestürzt. Um sie neu zu bauen, hätten wir gut zwei Tage gebraucht. So schlugen wir am Bachrand unser Lager auf, das sich kaum zwei Kilometer vom Dorf Ndala befand. Dieser Ort hatte insgesamt sieben Hütten und war von etwa dreißig Eingeborenen bewohnt. Das kleine Nest nannte man überall nur das „Büffeldorf", weil es in dieser Gegend Hunderte von Büffeln gab.

Ballasida strahlte, als er die eingestürzte Brücke sah. Denn nun hatte er es nicht weit zu den Mädchen von Ndala. Kaum hatten wir das Errichten des Lagers beendet, war er auch schon verschwunden. Als ich am folgenden Morgen aus meinem Moskitonetz kroch und meine Leute weckte, sah ich Ballasida gerade von seiner nächtlichen Balz zurückkehren. Ich sah für die geplante Büffelpirsch schwarz. Noch tiefer sank meine Hoffnung, als ich Ballasida zur Besprechung des Jagdplanes rief. Er gab eine „Stichflamme" von sich, die auf große Mengen genossenen Palmweines schließen ließ.

All meine Bedenken wurden zerstreut, als wir losgingen und Ballasida nach wenigen Kilometern das Zeichen „Halt" gab. Er hatte die Trittsiegel eines Büffels, eines Einzelgängers, entdeckt, die einem Riesen gehören mußten. Als er seine Sandalen ablegte und das Hemd auszog, wußte ich, daß er vom Fährtenfieber erfaßt war, so wie ich ihn kannte. Ich pirschte mit ihm voraus und ließ die Träger in größerem Abstand folgen. Der Büffel war kreuz und quer gezogen, er bummelte. Doch schien er nicht zu äsen, denn die Fährte zeigte keinen Halteplatz.

Nach über einer Stunde mühevollen Pirschens erreichten wir ein großes Sumpfgebiet. Der Büffel war dort eingezogen, und wir folgten bis über die Waden im zähen Schlamm. Von allen Seiten durchzogen nun Fährten den Sumpf, und Ballasida hatte immer mehr Mühe, die Trittsiegel „unseres" Büffels zu erkennen. Zudem wurde die Moskito- und Bremsenplage langsam unerträglich. Trotz des übergehängten Moskitonetzes fanden diese Biester den Weg zum Hals und stachen. Die Bremsen und andere Stechfliegen taten sich an den Beinen gütlich. Die Hosen hatten das Wasser des Morastes aufgesogen und klebten naß an den Beinen; für die stechenden Plagegeister waren sie kein Hindernis. Interessant war wiederum, daß Ballasida meinen Ärger nicht teilen mußte. Die Ausdünstung der schwarzen Haut der Eingeborenen scheint von den stechenden Insekten immer gemieden zu werden.

Endlich verließen wir den Sumpf und hatten wieder trockenen Boden unter den Füßen. Im kurzen Gras war es für Ballasida kein Kunststück, die Fährte zu halten. Er tänzelte so schnell voran, daß ich Mühe hatte, ihm zu folgen. Nach Umgehen einer Dornbuschoase nahm Ballasida plötzlich Deckung. Ich tat dasselbe, obwohl ich von meiner Stelle aus noch nichts entdecken konnte. Tief gebückt rückte ich zu Ballasida auf und sah überrascht eine Büffelherde. Es waren etwa 80 Tiere, die nicht ästen, sondern unschlüssig dastanden. Den Grund dafür erkannten wir sehr schnell. Wir sahen „unseren" Bullen, der am Rande der Herde stolz vorbeimarschierte.

Als ich ihn im Fernglas betrachtete, schlug mein Herz doch schneller. Es war ein ungemein starker Kerl mit blauschwarzer Decke. Sein Helm (Gehörn) war gewaltig, und die En-

Ballasida, der beste Fährtensucher von állen.

den bogen sich halbkreisförmig nach oben und innen. Unser Riese nahm von der Herde keine Notiz, während diese den Fremden nicht aus den Augen ließ und sich ihm zuwandte und seinen Weg genau verfolgte.

Größer hätte unser Pech nicht sein können. Da folgten wir stundenlang einer Bullenfährte, quälten uns durch Dornbüsche, stampften durch zähen Schlamm und ließen uns von Moskitos zerstechen, um dann unseren Verfolgten endlich zu sehen – und nicht schießen zu können. Die Herde und unser Bulle waren mehr als dreihundert Meter entfernt. Wegen der vielen wachsamen Büffel konnten wir unseren Bullen nicht einmal näher anpirschen, mußten ihn sogar aufgeben, wenn die Herde lange verweilen sollte. Das Gelände war übersichtlich, nur in großen Abständen standen junge Bäumchen, und man konnte auf große Entfernung jede Bewegung wahrnehmen.

Mir erstickten im Hals etliche Flüche, und Ballasida schüttelte ärgerlich den Kopf. Wir konnten nur warten und hoffen, daß die Herde nicht auch noch Wind von uns bekäme. Denn wenn sie abgallopierte, würde „unser" Bulle dasselbe tun und wir könnten die Jagd beenden. Er hatte sich bereits weit von der Herde abgesetzt, und wir sahen ihn in den Baumgruppen verschwinden. Doch die Herde sah ihm immer noch nach und stand bewegungslos da. Das wurde Ballasida zu dumm. Ich sah, wie er beide Hände zum Mund führte, und dann gab er Stoßlaute des Löwen von sich. Kaum hatte er dies wiederholt, begann die Herde zu marschieren. Sie flüchtete nicht, sondern zog ohne zu äsen eilig weiter. Zu unserer Freude bog sie nach Osten ab, so daß wir unserem Bullen, der westlich verschwunden war, folgen konnten. Kaum waren die letzten Tiere der Herde außer Sicht, trabte

Ballasida an. Weil er die Fährte unseres Bullen rasch finden wollte, lief er weit voraus.

Auf einer Anhöhe hatten wir wieder Anschluß an Ballasida gefunden und erfreut festgestellt, daß der Bulle Marschpausen einlegte und seine Visitenkarten hinterließ – große warme Fladen. Vom Höhenrücken, den wir überquerten, hatten wir einen wundervollen Rundumblick. Das Gelände war gleichsam ein Übergang vom Busch zur Savanne. Eine Herde Giraffen stand am Rande eines kleinen Restberges, vereinzelte Antilopen ästen in einer Talmulde, und weitab zog die Büffelherde, die unsere Pirsch so lange unterbrochen hatte. Dieses mit Leben erfüllte Bild war so schön, daß ich am liebsten eine Rast eingelegt hätte, um es zu genießen. Aber das Brennen der Moskitostiche am Hals erinnerte mich, daß mein Hiersein ein anderes Ziel hatte.

Mit großer Vorsicht folgten wir der Fährte, die in steiniges, unübersichtliches Gebiet führte. Ich mußte immer wieder staunen, mit welcher Sicherheit Ballasida Zeichen fand, daß da der Büffel gezogen war, denn in diesem Geröll, auf dem steinartigen Firkiboden, konnte ich nichts mehr erkennen. Wieder einmal zeigte mir mein „Chefpisteur" einige zerquetschte Gräser mit dem Hinweis, daß dies „unser" Bulle getan habe, als vor uns eine Rotte Warzenschweine polternd abging. Voran eine Bache, hinter ihr im Gänsemarsch mit senkrecht gestellten Pürzelchen vier Frischlinge, in größerem Abstand ein Keiler mit ungemein großen Waffen. Ich konnte ihm keine Kugel antragen, denn ein Schuß hätte unsere Büffelpirsch zwangsläufig beendet. Auch Ballasida gab Zeichen seines Bedauerns, daß ich nicht schießen konnte. Unsere Überlegungen wurden rasch beendet. Denn eine zweite Rotte Sauen wurde hoch und ging ab wie die Feuerwehr. Dieser Krach konnte unsere Büffelverfolgung erneut gefährden.

Bald bekamen wir die Bestätigung. Die panikartige Flucht der Warzenschweine war für unseren Büffel wohl nicht geheuer, so daß auch er die nächsthöhere Gangart eingeschlagen hatte. Sein Aufgalopp hatte ganze Grasbüschel herausgerissen.

Wir legten eine Rast ein und berieten, ob es noch Sinn habe, die Pirsch fortzusetzen. Der Büffel war bereits zweimal bei seinem Morgenmarsch gestört worden. Die Flucht der Warzenschweine hatte ihm eine Gefahr angekündigt. Er konnte deshalb nervös geworden sein und viele Kilometer im Absetztempo gehen oder – wenn wir Glück hatten – von Zorn erfüllt sein und warten, ob die Gefahr zu ihm käme. Letzteres wäre ideal für uns. Denn dies ergäbe wieder den sportlichen Höhepunkt einer Büffeljagd – Angriff eines Bullen. Da wir schon so viele Stunden mühevoll hinter dem Bullen her waren, wollte ich es ein letztes Mal versuchen, die Verfolgung fortzusetzen.

Der Baumbestand wurde sehr schütter, hohes Buschwerk löste ihn ab, und eine weite Savanne dehnte sich vor uns bis zum Horizont. Wie auf Kommando hockten wir uns tief ins Gras. Auf etwa eineinhalb Kilometer stand „unser" Büffel vor uns. Jetzt war guter Rat teuer. Ein Näherpirschen war unmöglich. Weit und breit kein Busch, kein Baum, der Deckung gegeben hätte. Das Gras zu niedrig, um sich ungesehen zu nähern.

Doch Ballasida hatten einen Einfall. Er wollte sich auf allen Vieren dem Büffel nähern und mit einigen Stoßlauten Löwe spielen, um den Bullen auf sich aufmerksam zu machen.

Dann gab es zwei Möglichkeiten: Entweder der Büffel gehörte nicht gerade zu den Schneidigen, drehte ab und verschwand, oder er ging neugierig dem Unbekannten entgegen und griff an, sobald er dieses Etwas als Mensch witterte oder erkannte. Natürlich war das Letztere unser Wunsch. Aber Ballasida war dabei größter Gefahr ausgesetzt.

Sicherlich hatte ich bei meinen jahrelangen Jagden auf wehrhaftes Wild nicht oft zwei Kugeln benötigt, aber bei allen Fertigkeiten stand doch im Hintergrund der Zufall. Es war für mich der schönste Dank Ballasidas für jahrelange Zusammenarbeit, daß er von sich aus bereit war, größte Gefahr auf sich zu nehmen, weil er meiner Schußleistung vertraute. Über meine inneren Bedenken siegte schließlich mein jagdliches Selbstvertrauen, und ich gab Ballasida das Startzeichen. Katzenartig kroch er dahin, eins mit seiner Umgebung, ein Teil der Natur, fast einem Stück Wild gleich.

Wir hatten vereinbart, daß er nicht weiter als fünfhundert Meter kriechen solle. Dabei mußten seine Stoßlaute den Büffel neugierig machen. Sobald der Bulle sich näherte, sollte Ballasida sich aufrichten und zu uns zurücklaufen. Das der Büffel dann sofort zum Angriff überging, daran war nicht zu zweifeln.

Obwohl Ballasida noch gar nicht Löwe gespielt hatte, war er vom Büffel schon entdeckt. Der Riese warf den Schädel auf, drehte ihn schüttelnd im Kreis und trat hin und her. Er war aufgeregt, aber noch unschlüssig, was er wohl tun sollte. Da grollte der Löwenruf Ballasidas, und sofort setzte sich der Bulle im Stechschritt in Bewegung. Immer näher kam er an Ballasida heran, der immer noch keine Anstalten machte, sich aufzurichten und zu uns zu fliehen. Da ging der Büffel in Trab über, und Ballasida rannte endlich los.

Ich hatte die Absicht – natürlich vom Lauftempo Ballasidas abhängig – den Bullen auf hundert Meter herankommen zu lassen. Aber das war nicht möglich. Ballasida lief zwar so schnell er konnte, aber der Verfolger war schneller. Auf hundertfünfzig Meter Entfernung durfte ich nicht länger warten, denn der Abstand zu Ballasida betrug kaum noch zwanzig Meter. Über Kimme und Korn ließ ich in den Halsansatz fliegen. Der Büffel machte einen regelrechten Kopfstand, rollte auf die Seite und wollte aufstehen. Aber seine letzte Kraft reichte nicht, eine zweite Kugel war nicht nötig.

Ballasida erreichte uns erschöpft und fiel ins Gras. Ich zog ihn hoch und umarmte ihn dankbar. Er war doch ein Prachtkerl, wie es keinen zweiten gab! Im Laufschritt begab ich mich zum gestreckten Bullen. Ein kapitaler Büffel! Der Helm war in der Mitte ganz geschlossen, die Enden zum Halbkreis gebogen. Auf der Stirn und unter dem Auge hatte er tiefe breite Narben, ein Zeichen, daß er ein alter Raufbold gewesen war.

Ich war glücklich wegen der guten Trophäe. Aber mehr noch über das Erlebnis mit Ballasida. Es wird in meiner Erinnerung lebendig bleiben solange ich lebe.

Die Auftragsjagd

Wieder einmal hatte ich den Wunschzettel der staatlichen Veterinärstelle in der Hand und sollte bestimmte Antilopen erlegen. Man wünschte die Gehörne, sämtliche Skelette und die Decken. Dazu sollte ich jeweils die Länge der Därme messen. Letzteres war für meine Fährtensucher und Träger immer ein besonderes Vergnügen. Denn nach Beendigung der Messung wurden die Därme mit Inhalt geröstet und als Delikatesse verspeist.

Blaßgelb stieg die Sonne aus dem dichten Bodennebel, als ich mein Jagdlager verließ. Ich brauchte diesmal keinen Wagen, denn die gewünschten Antilopen konnte ich in der weiteren Umgebung des Lagers finden.

Vorerst pirschte ich die Piste entlang, um im Sand Fährten zu suchen. Viel Wild hatte nachts den Weg überquert oder war eine Zeitlang auf ihr gezogen. Vor mir setzte sich eine Kette blauer Perlhühner in Bewegung. Diese Vögel haben die Gewohnheit, auf der Piste geschlossen weiterzulaufen, wenn man sich ihnen nähert. Erst wenn man auf Schritte an sie heran ist, streichen sie ab und baumen sofort auf. So auch jetzt. Ich nahm von Ballasida, der mich mit einigen Trägern begleitete, die Flinte und holte drei der Hühner herunter. Damit war für den Mittagstisch gesorgt.

Wir verließen nun die Piste und pirschten einem dünnstämmigen Galeriewald zu. Schon von weitem war das Kreischen der Papageien und das Schimpfen der Affen zu hören. Beim

127

Erreichen des Baches dampfte der umliegende feuchte Boden, der von Büffelhufen völlig zerstampft war. Einer tief ausgetretenen Fährte von Warzenschweinen folgend, entdeckte ich Tritte von Hyänen, die den Schweinen gefolgt waren. Frische Losung bewies, daß die ganze Gesellschaft in der Nähe sein mußte.

Mein Aschebeutel zeigte, daß ein kaum spürbarer Wind gegen uns zog. Wir bogen in einen schlauchartigen Graben ein, der bergauf führte und zu beiden Seiten mit dichtem Gebüsch besetzt war. Kaum waren wir im Graben, als von oben ein schwaches Knurren kam. Mit dem Glas suchte ich den oberen Teil der Rinne ab. Da sprangen zwei Hyänen hinein, blieben mitten im Graben stehen und äugten zu uns. Mit gesträubtem Kamm tänzelten sie hin und her. Während ich die beiden beobachtete, kamen weitere Hyänen hinzu, und als ich das Glas absetzte, war es ein Rudel von neun Stück. Ballasida nahm einen Stein auf und warf. Doch statt abzuspringen, wie erwartet, blieb das Rudel stehen und kam knurrend auf uns zu. Ballasida warf nochmals einen Stein, der mitten im Rudel landete. Auch er löste nur ein Drängeln der einzelnen Tiere, aber keine Flucht aus.

Nun war ich dieses sture Verhalten leid, nahm einen starken Rüden, den ich für das Leittier hielt, aufs Korn und zog ab. Er überschlug sich, und die Meute flüchtete den Graben bergauf. Beim verendeten Rüden angelangt, kam aus den Büschen ringsum heiseres Fauchen und Knurren, und vom Grabenrand aus sah ich im Gras verteilt eine Menge Hyänenköpfe. In einer Mulde rauften einige der Kerle um irgendeinen Kadaver.

Um diese Massenversammlung zu beenden, gab ich einen Schuß in die Luft ab, der die erhoffte Flucht auslöste. Ich suchte den Kadaver und stand bald vor einem zerfleischten Pinselohrschwein, einer Bache. Gerade wollten wir den Graben zurückgehen, da stoppte Ballasida. Ganz deutlich war ein quietschender Laut zu hören, der aus einer Dickung kam. Beim Nachsehen im verfilzten Busch stand da mit steif abgespreizten Läufen ein Frischling, ein kleines Pinselohrschwein. Ballasida griff schnell zu und hielt den ängstlich schreienden Sprößling hoch. Es bestand kein Zweifel, daß die von den Hyänen gerissene Bache die Mutter des Kleinen war. Wären wir nicht gekommen, hätte ihn das gleiche Schicksal ereilt. Ballasida war selig, daß er wieder ein Pflegekind hatte.

Wir setzten unsere Pirsch fort, die langsam zu einer Sauna wurde, denn die Sonne stand schon hoch und brannte unbarmherzig herab. Wir verließen den Busch und kamen in offenes Grasland, das gerade von einem Rudel Damalisk-Antilopen überquert wurde. Die Tiere strebten dem schattigen Busch zu. Es waren über vierzig Köpfe. Da auf dem Wunschzettel ein Damalisk stand, mußte ich rasch handeln. Es war nicht schwer, einen guten Bock herauszufinden. Schuß – der Bock blieb im Feuer. Sein rötliches Fell glänzte wie Seide, sein Gehörn war gut gerieffelt. Meine Träger schleppten den Bock in einen Baumschatten und erledigten die rote Arbeit.

Nach längerer Mittagspause nahmen wir die Suche nach einer Cob- oder einer Impala-Antilope wieder auf. Abwechselnd durchquerten wir Feuchtsavannen, Dornbusch und Sekundärwald. Wild gab es reichlich, aber Cob und Impala fehlten bisher.

Wir marschierten bereits Richtung Lager, als mir Diana hold zu sein schien. Weit vor uns standen zwei Impala-Böcke. Ein

Eine Damalisk- oder Leierantilope mit dem typischen langen Kopf.
Ihr Fell glänzt wie Seide.

kapitaler und ein mittelstarker. Es ist immer eine Augen-
weide, diese Antilopen zu sehen. Ihre Körperform ist elegant, die Farbe der Decke rotbraun, an den Flanken hell-
braun, die des Bauches weiß. Der Bock trägt ein in Lyraform
gewundenes geriffeltes Gehörn. Bei Gefahr vollführen die
Antilopen zwei Meter hohe Orientierungssprünge. Sie bilden meist Rudel bis zu 30 Stück, sind ungeheuer scheu und
aufmerksam. Ein ausgewachsener Bock kann fast hundert
Kilogramm wiegen.

Der starke Bock stand im grellen Sonnenlicht, er hatte auf-
geworfen. Es war ein wundervolles Bild. Dann begann ein
merkwürdiges Spiel. Die Träger zurücklassend, pirschte ich
die Impalas an. Sobald ich auf etwa dreihundert Meter heran
war, setzten sich die beiden in Bewegung. Dies wiederholte
sich mehrmals, so daß ich die Pirsch schon leid war. Einmal

ließen sie mich auf etwa 180 Meter herankommen. An einen Schuß war indes nicht zu denken. Die heiße Luft flimmerte so stark, daß ich im Zielfernrohr nur ein verschwommenes Bild sah, das sich auf und ab bewegte. Wie zum Hohn sprangen die beiden nicht mehr ab, sondern stolzierten im gleichbleibenden Abstand vor uns her. Nun verzichtete ich auf jede Deckung und ging wie ein Spaziergänger frei und offen vor. Obwohl die Impalas mehrmals verhielten und zu uns äugten, störte sie das nicht.

Impalas sind wunderschöne Geschöpfe. Man nennt sie auch Schwarzfersen-Antilopen, weil sie unten an den Hinterläufen ein schwarzes Haarbüschel tragen.

Vor uns änderte sich das farbige Bild. Die hellgelbe Grasfläche, die das grelle Sonnenlicht so stark reflektierte, endete, und es begann eine weite, fast schwarze Fläche verbrannter Savanne. Hier hatte der Buschbrand erst vor kurzem gewütet. Kaum waren die beiden Böcke aus dem Gras auf die verbrannte Erde getreten, galoppierten sie los. Die aufwirbelnde Asche stand wie Nebel in der flimmernden Luft. Damit hatten sich die Impalas verabschiedet. Ich winkte Ballasida und den Trägern als Zeichen, daß die Pirsch jetzt beendet sei.

Wie Wochenendausflügler bewegten wir uns weiter, unterhielten uns ziemlich laut, so daß mit einem Wildanblick nicht mehr zu rechnen war. Doch es kam anders. Wir hatten gerade das Brandgelände verlassen und feuchten Moorboden betreten, als eine Cob-Antilope – man nennt sie auch Gras- oder Moorantilope – direkt auf uns zu kam. Sofort lagen wir auf dem Boden. Ich entsicherte die Büchse und sah vorsichtig auf. Der Bock hatte ein gutes Gehörn und war gerade stehengeblieben, um mit dem Hinterlauf die Fliegen an seinem Bauch zu vertreiben. Er war so mit sich beschäftigt, daß ich es wagen konnte, kniende Stellung einzunehmen und die Büchse in Anschlag zu bringen. Der Bock warf auf und marschierte weiter. Über Kimme und Korn zielte ich auf den Stich und schoß. Die Antilope zeichnete mit einem Sprung zur Seite, drehte sich im Kreis und sackte zusammen. Sie war in die ewigen Jagdgründe eingezogen.

Auf der staatlichen Wunschliste konnte ich den Cob abhaken. Meine Gedanken aber waren noch lange bei dem merkwürdigen, so berechnend wirkenden Verhalten der Impalas.

Schwarze Diana

Auf einer mörderischen Piste hatte ich La Gata im Distrikt Birao in der Zentralafrikanischen Republik erreicht. Obzwar mir alle Franzosen, bei denen ich Erkundungen einholte, erklärt hatten, daß ich La Gata mit meinem VW-Bus nie erreichen würde, hatte ich es doch geschafft. Allerdings nur mit Hilfe meines ausgezeichneten Boys Damike. Er ging tagelang vor meinem Fahrzeug her und machte den Lotsen. Das Sisangagras war hier zwei Meter hoch, so daß man den Boden mit seinen Löchern, Gräben und Termitenpilzen nicht sehen konnte.

Mit Damike hatte ich bald Routine im „Blindfahren". Ich verstand all seine Zeichen und wußte, ob ich in der nächsten Sekunde mit einem Rad in ein Loch fallen würde oder mit Vollgas einen Termitenpilz rammen mußte. Jede Rammaktion bereitete Damike riesige Freude, denn immer, wenn ich nach seinem Zeichen Vollgas gab und krachend einen Termitenpilz abrasierte, grinste er, daß sein Mund von einem Ohr zum anderen reichte. Ohne meine Spezialstoßstange und ohne die Stahlrohre am Bug und der Unterseite des Wagens wäre mein Fahrzeug schon nach dem ersten Termitenpilz abschleppreif gewesen.

In La Gata war es aber auch mit dieser Fahrmethode vorbei. Das Gelände war nur noch für Hubschrauber geeignet. Ich stellte meinen Bus unter eine schattige Mangobaumgruppe, nicht ohne gleich die zwar noch unreifen, aber saftigen Früchte zu kosten.

Wie immer, liefen auch hier alle Bewohner des Dorfes zusammen. Hier um so begreiflicher, kommt doch höchstens alle paar Jahre ein Großwildjäger vorbei. Die Leute hatten keine Kleidersorgen. Männlein wie Weiblein waren nackt und trugen lediglich ein Blätterbündel als Lendenschurz.

Die wenigen Hütten des Dorfes waren armselig und primitiv, und ebenso arm waren die Bewohner. Man sah nicht einmal Hühner. Der Häuptling war ein alter klapperiger Mann. Seine Haut schien in Falten gelegt, und sein Körper glich einer Mumie. Sein Gesicht war von Ziernarben zerfurcht, und um den Hals trug er ein Band mit Löwenzähnen. Es gab hier besonders viele Fetischbäume, an denen Antilopengehörne, gebleichte Affenschädel, Tierschwänze und Fellstücke hingen. Es gab keine Hütte ohne magische Zeichen, ohne Flechtwerk für Opfergaben oder Fetischfiguren zur Anrufung der Götter und Geister. Der Ort war eine Fundgrube für die Kultforschung.

Nachdem ich dem Häuptling die üblichen Geschenke überreicht hatte, verdolmetschte Damike meine Fragen. Ich wollte vor allem wissen, wo sich die Salzfelsen befinden, von denen mir ein Mineningenieur erzählt hatte. Diese Salinen sollten sich inmitten eines Galeriewaldes befinden, der von weiten Sümpfen umgeben war. Dort fand sich alles Wild zum Salzlecken und zum Suhlen ein. Besonders kapitale Elefanten sollten dort ihren Stammplatz haben, um den sich wilde Erzählungen rankten, die arg nach Jägerlatein schmeckten.

Als mir der Häuptling Auskunft gab und von großen Elefantenherden sowie einem alten gefährlichen Bullen erzählte,

Meist flüchten Elefanten vor den Menschen. Wenn aber ein solcher Koloß
mit breitgestellten Ohren heranstürmt, ist nichts vor ihm sicher, er schlägt und
trampelt alles nieder.

rechnete ich diese Dinge zu den üblichen Übertreibungen. Doch bald sollte ich eines Besseren belehrt werden. Damike war tagelang damit beschäftigt, von den Dorfbewohnern mehr über die Salzfelsen und das Wild zu erfahren und bekam dabei interessante Dinge zu hören, wenngleich ihm alles mit einer ängstlichen Scheu gesagt wurde.

Als ich genug wußte, bat ich den Häuptling, mir einige seiner Männer zur Verfügung zu stellen, die mich zu den Salzfelsen führen sollten. Wild gestikulierend lehnte er ab, und als ich ihn drängte, wurde er sogar böse. Doch Damike erfuhr den Grund der Ablehnung. Bei den Salzfelsen sollten sich Elefanten aufhalten, in denen die Seelen getöteter Jäger lebten, und diese Riesen würden jeden zertrampeln, der sich den Felsen näherte. Man zeigte ihm die Fetischbäume, an denen Kalebassen hingen, Fetische für getötete Dorfbewohner, deren Seelen nun in den Elefanten seien.

Nach vielen Tagen bat ich den Häuptling nochmals, mir einen Führer zu den Salzfelsen zu geben. Jetzt rief er nach seiner Tochter. Sie hieß Sika, war etwa zwölf Jahre alt und wunderschön. Wie Perlen glänzten ihre Zähne, und selbstbewußt blickten ihre dunklen Augen. Der Häuptling rief ihr etwas zu, und sie holte aus ihrer Hütte einen Lederbeutel. Der Häuptling öffnete ihn umständlich und entleerte daraus Knochenstücke. Ich sah, daß es Knochen eines menschlichen Schädels waren. Der Kopf mußte mit Gewalt zertrümmert worden sein, denn selbst Zähne waren gebrochen.

Als Damike nach der Bewandtnis dieser Knochen fragte, erzählte der Alte mit zitternder Stimme folgende Geschichte:

Sein ältester Sohn war ein guter Jäger und versorgte das ganze Dorf mit Wildbret. Eines Tages gelangte er zu den Salzfelsen und entdeckte dort eine große Elefantenherde.

Als er in dem vermeintlichen Fels merkwürdige Röhren sah und sie untersuchte, stellte er fest, daß der Fels aus Salz bestand. Erfreut über diese wertvolle Entdeckung schlug er einen Brocken heraus, um ihn in das Dorf mitzunehmen. Und dann geschah all das, was die Begleiter seines Sohnes später berichteten. Ganz plötzlich sei ein riesiger Elefantenbulle aufgetaucht, hätte den Sohn mit dem Rüssel niedergeschlagen und dann zertrampelt. Nach den Berichten der Augenzeugen sei der Bulle mehrmals um den Salzfelsen gerannt, um dann immer von neuem auf dem toten Körper des Häuptlingssohnes herumzutrampeln. Wochen nach dem Unglück hätten sich einige Burschen zu den Salzfelsen gewagt und die Schädelknochen des Getöteten mitgebracht. Die Seele des Sohnes, die im Elefanten gefangen sei, könne erst wieder frei werden, wenn der Bulle getötet würde.

Ich erklärte dem Häuptling, daß ich den Bullen schießen würde, um die Seele seines Sohnes zu befreien. Ich bat nochmals um einen Burschen, der mich führen solle. Aber der Häuptling lehnte wieder ab und erklärte, daß jeder getötet würde, der sich den Salzfelsen nähere, auch ich. Allein würde ich die Felsen nie finden, es sei denn, seine Tochter Sika, der „Medizinmann" des Dorfes, würde mir mit Fetischen helfen.

Sika hatte die Unterhaltung mitgehört und sah mich mit großen Augen durchdringend an. Die Knochen wieder in den Beutel gebend, nahm sie mich beim Arm und bedeutete, ihr zu folgen. Damike rief noch nach, alles zu tun, was sie von mir verlange.

Das Mädchen schritt graziös wie eine Gazelle vor mir her. Sie ging wundervoll aufrecht, wie alle Frauen im Busch, weil sie alle Lasten auf dem Kopf tragen. Sika war mit mir kreuz

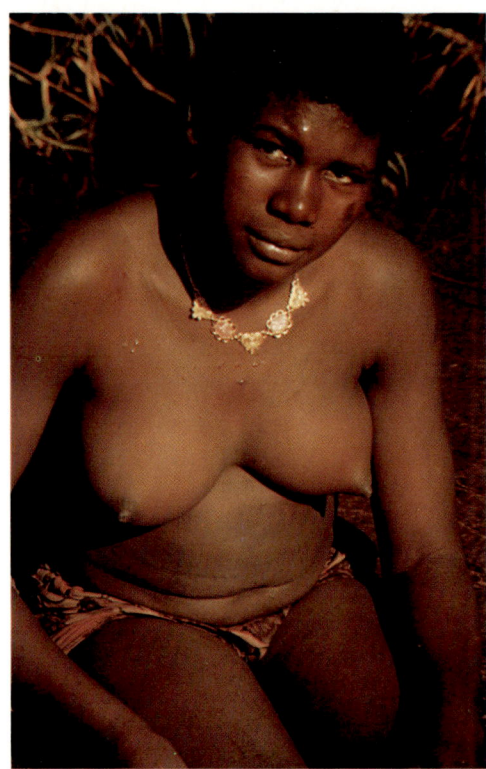

Die schwarze Diana
war der „Medizin-
mann" des Dorfes. Sie
beschwor die Geister
und fertigte Fetische an,
die uns vor dem gefähr-
lichen Elefantenbullen
schützen sollten.

und quer gegangen, wir hatten uns schon weit vom Dorf entfernt. Als ich ihr mit Gesten meine Frage nach dem Wohin
klargemacht hatte, war ein überlegenes Lächeln die ganze
Antwort.

An einem seichten Bach machte sie halt. Geschickt fertigte
sie aus Zweigen ein Geflecht und legte es in den Bach. Es
trieb langsam ab und blieb an einer flachen Stelle liegen.
Sika stieg in den Bach und setzte sich auf den geflochtenen
Kranz. Dann zeichnete sie mit einem messerähnlichen Ge-
genstand unter Wasser Figuren und Linien in den Sand.

138

Wenn das langsam fließende Wasser die Zeichnungen zerstört hatte, begann sie von neuem.

Plötzlich hörte sie auf, erhob sich und zeigte aufgeregt auf ihre Zeichnung. Ich erkannte, daß Sikas Furchen im Sand nicht mehr von rieselnden Körnern ausgefüllt waren und meinte deutlich die Darstellung eines Elefanten zu erkennen. Sika begann zu tanzen und stieß dabei merkwürdige Schreie aus. Dann rannte sie davon. Nur mühsam konnte ich ihr folgen und erreichte atemlos das Dorf.

Indessen hatte zwischen Sika, dem Häuptling und Damike ein lautes Palaver begonnen. Nach langer Unterhaltung erklärte mir Damike, dem Sandorakel sei zu entnehmen, daß ich den Elefanten mit der Seele des Häuptlingssohnes finden würde. Von Sika würde ich einen Fetisch erhalten, der mich den Salzfelsen finden ließe. Zudem würde ich einen „Walaka"-Kranz erhalten, damit mich der Elefant nicht töten könne. Dann nahm mich Sika bei der Hand und zog mich fort. Damike begleitete uns.

Vor der Hütte Sikas lag allerlei Handwerkszeug, das sie für ihre Tätigkeit als „Medizinmann" benötigte. Für mich war es völlig überraschend, daß hier die Tätigkeit eines Medizinmannes von einer Frau ausgeführt wurde. Zugleich war Sika auch Herstellerin von Fetischen. Neben dem Hütteneingang entdeckte ich den Fetisch „Ngo", der aus zwei Astgabeln bestand, auf dem drei dicke Stäbe lagen. In der Nähe stand der Fetisch „Badagi", ein auf Astgabeln ruhendes Flechtwerk, das als Rost für Opfergaben gedacht ist. Über dem Hüttendach hing an einer Stange ein Geflecht, das mit weißen Hühnerfedern besteckt war. Dieser Fetisch, den man überall in Flußnähe findet, soll vor Überschwemmungen schützen.

Wir betraten die Hütte. Als ich mich an das dämmerige Licht gewöhnt hatte, zeigte Sika auf ein großes Gebilde. Auf zwei Dreifüßen ruhte eine aus Sisangagras geflochtene Figur. Die Graszöpfe wurden von Tierwirbeln zusammengehalten, und ein getrockneter Affenschädel bildete den Kopf. Sika löste einen der Wirbelkränze und reichte ihn mir. Dabei redete sie in feierlichem Ton. Damike übersetzte und erklärte, daß der Wirbelkranz mich vor der Tötung durch den Elefanten schützen werde, daß nun die Geister der Walakas angerufen seien, die über Glück und Unglück bei der Jagd entscheiden. Um dies zu unterstreichen, fuchtelte sie mir mit einem Speer vor dem Gesicht herum. Vor mir stand ein speerschwingendes Bronzemädchen wie eine schwarze Diana. Und sie war von dem überzeugt, was sie sagte. Auch Damike nickte ernst und zustimmend mit dem Kopf, obwohl er in heiklen Situationen meinen bisher gezeigten Schießleistungen sicherlich mehr vertraute als den Fetischen.

Am nächsten Tag zog ich früh mit Damike und meinem Fetisch los. Sika zeigte die Richtung, in der wir immer geradeaus gehen sollten. Vorsichtshalber stellte ich mir die Marschzahl auf meiner Bussole ein und machte einen Vermerk auf der Karte.

Wir nahmen Richtung Ost, und unser Weg führte durch abwechslungsreiches Gelände. Bald überquerten wir flaches Grasland, dann hügeligen Busch, bald wieder Galeriewälder und Savannen. Oft mußten wir Bäche durchwaten und Sümpfe umgehen.

Als ich wieder einmal eine Uferböschung hinabstieg, rutschte neben mir ein dicker langer Ast weg. Doch rasch erkannte ich meinen Irrtum. Es war eine Pythonschlange, die in das Wasser rutschte und mit erhobenem Kopf dahinschwamm. Damike reichte mir rasch die Schrotflinte, und ich setzte dem Python die Ladung in den Kopf. Wild bäumend wälzte er sich, daß das Wasser hoch aufspritzte. Dann wurden die Bewegungen langsam und zuckend, bis er still im Wasser trieb. Damike zog die Schlange an Land. Es war ein prächtiger 5,20 m langer Python und herrlich gezeichnet. Geschickt enthäutete Damike den Python, dann zogen wir weiter.

Wir waren bereits einige Stunden unterwegs, und das Gelände wurde immer feuchter. Öfter mußten wir tiefe Bäche durchwaten, wobei das Wasser bis zur Brust reichte. Dann wurde das Bach- und Flußnetz so dicht, daß wir mehr im Wasser als auf dem Boden marschierten. Der Schlammbrei, den wir immer wieder durchqueren mußten, zeigte tiefe Trittlöcher von Elefanten. Unter den Bäumen lagen auf dem Moorboden frisch abgerissene Zweige und Blätter. Jetzt hieß es aufpassen, zumal wir kaum zehn Meter Sicht hatten. Überall konnten die Dickhäuter stehen oder sich suhlen.

Mühsam zwängte ich mich durch verfilztes Gebüsch, zog einen Fuß aus dem zähen Schlamm, um ihn Zentimeter weiter wieder in den Morast zu setzen. Der Schweiß lief in Strömen, dieses Vorwärtsbewegen im Moor war ungeheuer anstrengend. Und es gab Augenblicke, da ich mein Unternehmen, ja die ganze Jagd verfluchte.

Als Damike wieder einmal zu mir aufschloß, deutete er an sein Ohr, das Zeichen, daß er etwas gehört habe. Bewegungslos lauschten wir. Nun hörte auch ich es – ganz deutlich war das kullernde Magengeräusch eines Elefanten zu hören. Manchmal schien es von weit her zu kommen, dann wieder meinte ich, es käme vom Busch her, hinter dem ich stand. Ich sah mir meine Umgebung näher an und schaute dann ver-

Links: Eine große Pythonschlange.
Unten: Elefantenlosung, für die erfahrenen
Fährtensucher ein wichtiges Pirschzeichen.

zweifelt zu Damike. Nach den Seiten kaum fünf Meter Sicht,
dicht vor mir ein undurchsichtiges Gestrüpp, dabei mit den
Beinen bis zum Knie im zähen Schlamm. Damike schüttelte
den Kopf und gab mit einer Handbewegung zu verstehen,
daß unsere Lage hoffnungslos sei.

Ich überlegte, was ich tun müßte, wenn plötzlich aus dem
dichten Buschwerk ein Elefant hervorbräche. Da müßten
wohl Sehen und Schießen zusammenfallen, wollte ich nicht
zertrampelt werden. Ein Ausweichen war unmöglich, dau-

142

erte es doch mehrere Sekunden, bis man einen Fuß aus dem Schlamm brachte. Während mir diese Gedanken kamen, zeigte Damike nach oben. Über uns breitete sich die Krone eines krummen Baumes, dessen Stamm jenseits des Gebüsches war. Und nun sah ich, wie sich ein einzelner Ast bewegte. Bald hob und senkte er sich ganz langsam, dann wie-

Links ein Baum, der vom Elefanten geschält wurde, rechts ein Scheuerbaum.

der schwang er auf und ab. Der Grund für dieses Bewegen mußte auf der anderen Seite des Gebüsches liegen. Und nun hörte ich es deutlich – auch das Magenkullern kam von drüben. Wir waren also kaum sechs Meter von einem Elefanten entfernt, ohne etwas zu sehen.

Was nun, wenn . . ., wenn der Elefant Wittrung von uns bekommt. . . . In dieser Hilflosigkeit dachte ich an den Glauben des Häuptlings, daß jeder getötet würde, der sich den Salzfelsen nähert. Und ich dachte an die schwarze Diana, an Sika, die überzeugt war, daß mich ihr Fetisch beschützen würde. Ungewollt tastete ich nach dem Fetisch in meiner Tasche und spürte den Knochenkranz. In unserer Situation war der beste Jäger, die beste Büchse machtlos. Hier entschied nur noch der Zufall oder das Glück – um mit Sika zu sprechen, der Fetisch. Damike stand die Angst im Gesicht, die Minuten schienen mir wie Stunden.

Plötzlich wurde die unheimliche Stille von einem gellenden Trompetenstoß hinter dem Gebüsch gebrochen. Was dann geschah, ließ das Herz stocken. Nach dem Brüllen des Elefanten ein Wasserklatschen, ein Brechen und Poltern. Erst wenige Meter vor uns, dann überall ringsum. Dazu begann nun ein ohrenbetäubendes Trompeten vieler Elefanten und das Flüchten dieser Sechstonner. Um uns her brachen Bäume, von den vorbeihastenden Dickhäutern niedergewalzt. Auch hinter uns hasteten die Kolosse vorbei, daß uns die Schlammklumpen um die Ohren flogen.

Wir hockten im Schlamm – ringsum rasende Elefanten, die durch den Trompetenstoß eines Einzeltiers aufgeschreckt worden waren und die nun kreuz und quer flüchteten, weil sie keine Wittrung hatten.

144

Wie lange dieser Höllenspuk dauerte, vermag ich nicht zu sagen. Dann noch vereinzeltes Trompeten, Flüchten – und dann Stille wie vorher.

Als ich mich aus dem Schlamm erhob, glaubte ich gelähmt zu sein, so mühevoll zog ich die Beine aus dem Morast. Auch Damike erhob sich – er zitterte. Um uns herum sah es aus, als hätten hier Panzer ein Manöver gehabt. Es war ein unbeschreibliches Bild der Zerstörung. Es dauerte lange, bis sich unsere Nerven von dieser Zerreißprobe erholt hatten, bis wir auf einer der Fluchtschneisen der Elefanten die Pirsch fortsetzten. Der Weg bestand aus übereinander gestürzten Bäumen, aus tiefen Schlammlöchern und schmutzigem Wasser.

Endlich wurde es lichter, als ein zerwühlter Pfad bergan führte. Bald hatten wir festen Boden unter den Füßen, und dann erhob sich vor uns ein hoher Fels, aus dem eine armstarke Quelle sprudelte. Da gab es nur noch den Wunsch nach Durstlöschen, Hinlegen und Schlafen.

Das sprudelnde Wasser war kühl und klar, und ich tat gierig einen kräftigen Schluck. Doch Trinken und Spucken war eins. Das Wasser war salzig und der Fels, aus dem es kam, war der Salzberg, die Saline des Großwildes. Jetzt sah ich auch die vielen Saugröhren und Leckwannen. Und gleich kam mir die Erzählung des Häuptlings ins Bewußtsein.

Hier war also der Häuptlingssohn in die Erde gestampft worden. Während ich mir das vorstellte, hatte ich das merkwürdige Gefühl, beobachtet zu werden. Aber das waren wohl die überreizten Nerven. Darum winkte ich Damike und stieg mit ihm weiter bergauf. Oben bot sich uns ein weiter Rundblick. Als oberhalb von uns Graupapageien kreischten, kauerte sich Damike tief zur Erde und zeigte nach oben. Ich hockte mich rasch nieder und suchte den Hang ab. Da stand doch ein riesiger Elefantenbulle mit klobigen Stoßzähnen, den Rüssel zu uns her ausstreckend!

Während ich die Büchse hochnahm, setzte er sich quer zu uns in Bewegung. Die meiste Zeit war er verdeckt, nur ab und zu für Augenblicke frei. Dabei hatte er auf rasche Gangart geschaltet. Es war unmöglich, einen sicheren Schuß anzubringen.

Der Bulle hatte indessen einen Halbkreis beschrieben und mußte bald auf unsere Spuren stoßen. Genau unten am Hang würde er Klarheit über seine Wittrung erhalten. Kaum gedacht, geschah es. Ein wilder Trompetenstoß zerriß die Stille. Dann brach der Riese aus dem Gebüsch und stürmte mit nickendem Schädel zu uns herauf.

Ich ging ins Ziel und zog ab. Aber ohne zu zeichnen, stürmte er weiter. Ich ließ die zweite Vollmantel fliegen. Da taumelte er und ging mit den Vordersäulen in die Knie. Er schlug mit dem Rüssel um sich, begann zu wanken und fiel um. Damike reichte mir zitternd die Hand und lallte ein unverständliches Waidmannsheil. Dann kramete er den Whisky aus der Jagdtasche und reichte ihn mir. Selten hat er mir so gut getan wie in diesem Augenblick.

Als ich vor dem gestreckten Sechstonner stand, dachte ich an Sika, die schwarze Diana, und nahm den Knochenkranz aus der Tasche. Der Bulle vor mir war wohl ein alter Raufbold gewesen, denn seine Stirn, seine Ohren waren voller Schrammen. Der Einschuß meiner ersten Kugel saß zu hoch. Da ich talwärts schoß, hätte ich tiefer zielen müssen. Doch der zweite Einschuß lag richtig, die Kugel drang ins Hirn.

Ob der Bulle Herr und Wächter des Salzfelsens war? Es mußte wohl so sein. Denn daß dieser Bulle allein zurück-

Der Herr und Wächter des Salzfelsens.

blieb, während die ganze Herde flüchtete, war nicht anders zu erklären. Ob er es vielleicht war, der den Häuptlingssohn zertrampelt hatte? Ob ich mit meinem Schuß dessen Seele befreite? Ich betrachtete die zerfurchten Fußsohlen der Vordersäulen und sah vor mir die Schädelknochen im Lederbeutel des Häuptlings. Es war doch etwas Unbegreifliches um den Glauben dieser Eingeborenen.

Nun mußte ich über mich selbst lächeln. In einer Hand hielt ich die Büchse, in der anderen den Knochenfetisch. Hatte der Fetisch geholfen oder nur mein guter Schuß? Meine Gedanken kreisten um den tiefen Fetischglauben der Schwarzen und gingen in das Dorf zu Sika, zum Bach mit den Sandzeichnungen, zur schwarzen Diana.

Ich war ihr auf jeden Fall dankbar.

147

Busch-Bummelei

Einige Malaria-Anfälle hatten mich geschwächt, deshalb entschloß ich mich, die Jagd zu unterbrechen und nur eine geruhsame Fotosafari durchzuführen. Ich nahm bloß Ballasida mit, der Proviant und Büchse schleppen mußte, während ich mich mit zwei Fotoapparaten, einer Filmkamera und dem Fernglas behing. Ich kam mir vor wie ein amerikanischer Urlauber.

Wir bewegten uns im ersten Gang und steuerten bekannte Gebiete an, die Fotoausbeute versprachen. Erstes Ziel war ein kleiner See. Schon von weitem sahen wir Reiher, Marabus und Schlangenhalsvögel kreisen, die mit ihren riesigen Schwingen an Segelflugzeuge erinnerten. Ein Schreiseeadler kam im Sturzflug und baumte auf. Die schwungvolle Landung ließ den ganzen Baum schwanken. Kurz darauf folgte ein zweiter Adler, der sofort demonstrierte, daß er sich im Liebestaumel befand. Beim Paarungsvorgang hob und senkte er seine weit ausgestreckten Schwingen. Mit hellen Schreien zog er den Kopf ein, bog den Hals, um anschließend den Kopf wieder hochzustoßen.

Im Morast stehend, quälte sich ein Reiher mit dem Schlukken seiner Beute. Sie schien für seinen Hals zu groß zu sein, denn immer warf er vergeblich den Schnabel hoch, würgte, brachte aber das langbeinige Etwas nicht in den Hals. Nach langem Mühen gab er auf. Er schwang den Schnabel nach links, nach rechts und sprang kreisförmig herum. Hoch im Bogen flog die Beute aus dem Schnabel und klatschte in ein Wasserloch, wo sie sofort von anderen Vögeln umkämpft wurde. Wohin man sah, herrschte reges Leben. Aber auch Sterben. All die Fleischfresser ringsum töteten, um selbst zu leben.

Da ich nur auf Fotojagd war, hatte ich Muße, Ballasida als Fährtensucher zu studieren. Abgesehen davon, daß Ballasida der beste Fährtensucher war, den ich in Afrika erlebte, sind die Eingeborenen insgesamt wie die besten Spürhunde. Dies verwundert nicht, wachsen sie doch mit dem Wild ihrer Umgebung auf. Sie kennen deren Lebens- und Verhaltensweise besser als jeder Jäger. Dazu haben sie eine Art animalischen Instinkt, der sie zu Reaktionen befähigt, die wir kaum begreifen. Von gleicher Bedeutung wie ihr Spürsinn ist ihr unfaßbarer Orientierungssinn. Sie allein finden nach Tagesmärschen durch Dickicht, Wälder und Gelände ohne markante Anhaltspunkte ins Lager zurück. Ohne diese Schwarzafrikaner wäre Großwildjagd nicht durchführbar. Das Jagdergebnis selbst hängt überwiegend von der Qualität der Fährtensucher ab.

Ballasida pirschte wie immer mit höchster Konzentration voran. Er suchte nicht nur nach Fährten, sondern beobachtete das gesamte Gelände ringsum. Sobald er etwas entdeckt hatte, deutete er wortlos zu dieser Stelle. Bald war es hoch oben im Blätterwirrwar eines Baumes ein Nashornvogel, bald ein Erdhörnchen, das bewegungslos zu uns sah. Nur wenn er etwas sah, das mich interessieren könnte, blieb er stehen. Wie eine Katze schlich er geschmeidig durch dichtestes Gebüsch, kletterte schnell wie ein Affe einige Meter an einem Baum hoch, um weite Sicht zu haben. Jedes zertretene Blatt, jedes geknickte Ästchen nahm er auf und untersuchte es. In Verbindung mit den Schalenabdrücken oder Trittsiegeln schätzte er mit erstaunlicher Genauigkeit, wann das entsprechende Wild hier gezogen war. Ich selbst hatte mir in jahrelangen Jagdfahrten auch einige Fähigkeiten angeeignet, aber im Vergleich zu den Eingeborenen bleibt man immer Anfänger.

Ballasida blieb stehen, hob die Hand. Vorsichtig kroch ich zu ihm und sah sogleich seine Entdeckung. Ein fettes Erdferkel war mit der Erweiterung seiner Wohnanlage beschäftigt. Dieses schweinegroße Nachttier mit dem hochgewölbten Rücken ernährt sich von Ameisen und Termiten. Tagsüber sieht man es selten. Es arbeitete mit seinen langen Krallen, daß die Steine flogen. Bisher hatte ich das Erdferkel nur nachts im Scheinwerferlicht meines Wagens gesehen, wenn es zufällig die Piste überquerte. Jetzt hatte ich Gelegenheit, dieses merkwürdige afrikanische Tier genauer anzusehen. Auffallend die riesigen schmalen Ohren. Der Kopf ist mit einer röhrenförmigen, schweineartigen Schnauze verlängert, die neben den langen Krallen an den kräftigen kurzen Beinen zum Graben verwendet wird. Besonders muskelstark ist der lange gedrungene Schwanz, der ein wenig an ein Känguruh erinnert. Die Eingeborenen fangen Erdferkel mit Schlingen am Eingang zu den Schlafhöhlen. Lange hatten wir der Arbeit des Ferkels zugesehen und uns dann, ohne gestört zu haben, verdrückt.

Unser Pirschweg führte durch abwechslungsreiches Gelände. Bald spazierten wir unter dem Schattendach weit ausladender Wipfel, bald überquerten wir in gleißender Sonne Grasland. Dann wiederum stapften wir durch Feuchtsavanne, so daß das Wasser in den Leinenschuhen quatschte.

Ein großer Laufvogel, der Sekretär, kam direkt auf uns zu. Er hat die Größe eines Truthahns, trägt auf dem Kopf einen Federbusch und schreitet wie ein Soldat bei der Parade. Dieser Vogel hat seinen Namen zu Recht. Wenn man ihn beobachtet, wird man ungewollt an den Repräsentanten unserer Bürokratie, den Herrn Bürosekretär, erinnert. Stolz wie dieser, selbstbewußt, über alles erhaben, so kam der Vogel näher. Als er uns bemerkte, machte er lediglich einen Bogen und stolzierte dahin, ohne uns eines Blickes zu würdigen.

Beim Durchqueren eines kleinen Galeriewaldes lösten wir einen Aufruhr in den hohen Wipfeln aus. Wir störten eine große Sippe Colobus-Affen (Weißmantelaffen). Es war herrlich, diesen flinken Tieren zuzusehen, wie sie scheinbar schwerelos von Baum zu Baum sprangen und die Landung zum neuerlichen Absprung nutzten. Diese schönen Tiere schienen zu fliegen. Sie hatten ihre Gliedmaßen weit von sich gestreckt, und vom schwarzen Körper flatterte die weiße Rückenmähne.

Beim Verlassen des kleinen Waldes stießen wir auf verkohlte Bäume, die vor Jahren Opfer eines Buschbrandes geworden waren. Anklagend reckten sie ihre schwarzen Stümpfe gegen den Himmel. Ballasida suchte sofort etwas Bestimmtes, besah jeden Baumstumpf. Er suchte Bienen.

Und er fand sie. Um einen besonders dicken Stumpf summten Hunderte dieser fleißigen Tiere. Ballasida suchte sich einen harzigen Ast. Nach erstaunlich kurzer Zeit hatte er ihn in Brand gesetzt und kletterte mit der schwarz qualmenden Fackel auf den Bienenbaum. Dort steckte er ihn in das riesige Loch, das zu den Waben führte. Sofort schwirrten aus allen Öffnungen des Baumstammes die Bienen. Anschließend holte Ballasida dicke Waben mit triefendem Honig heraus und begann seine Schlemmermahlzeit.

Außer mir gab es noch einen Zuschauer – eine Tüpfelhyäne. Sie hatte sich uns neugierig genähert und schaute interessiert zu uns herüber. Wie sie mit ihrem abfallenden Rücken so dahinhoppelte, konnte man ihrer früheren Einstufung als harmloser Aasfresser Glauben schenken. Aber dem ist nicht so. Man weiß heute, daß viel gerissenes Wild nicht auf das Konto der Löwen, sondern auf das der Hyänen geht. Wenn sie nachts im Rudel jagen, töten sie Jungwild, schwächliche und kranke Tiere. Ihr schauerliches Gekicher und Geheul kündigt ihre Jagdzüge an. Es gibt sogar etliche Beispiele, daß hungrige Hyänen nachts in Hütten eindrangen und Eingeborene töteten und fraßen. Die Hyäne schien ebenfalls Appetit auf Honig zu haben, denn immer wieder ließ sie die Zunge um ihren Fang kreisen. Ballasida nahm einen Stein und ging auf sie zu. Erst als er warf, verdrückte sie sich und sah sich beleidigt um.

Die Sonne neigte sich zum Horizont, wir strebten dem Lager zu. Die Fotopirsch hatte nichts Aufregendes gebracht, dennoch abwechslungsreichen Wildanblick vermittelt. Es war ein Spaziergang durch die Vielfalt der Vegetationszonen, eine Busch-Bummelei.

Der Weg in die ewigen Jagdgründe

Wie jeden Tag brach ich um 5 Uhr morgens mit meinen Fährtensuchern auf. Diesmal, um mich an die nahe Sudangrenze zu begeben. Nach etwa sechs Stunden Marsch hatte ich das Quellgebiet des Kottoflusses erreicht, war also an der Sudangrenze. Natürlich hat hier das Wort Grenze nicht die Bedeutung wie bei uns. Hier gibt es keine Grenzsteine, keine Straßen mit Zollstationen. Man kann die Grenzen an Hand ungenauer Karten nur ahnen, wenn sich hier gerade ein Fluß befindet, dessen Krümmungsverlauf oder Quellgebiet eingezeichnet ist. Da ich am Ursprung des Kottoflusses war, konnte ich mit einiger Sicherheit annehmen, daß ich an der Sudangrenze stand.

Meine Annahme wurde bald bestätigt. Plötzlich fielen Schüsse aus Richtung Sudan, aus einer Entfernung von etwa einem Kilometer. Da mir bekannt war, daß sich in diesem Raum ein von Engländern erschlossenes Jagdgebiet befand, war dort wohl eine Jagdgruppe unterwegs.

Während ich mir die vielen Suhlstellen im Quellgebiet ansah, kam einer meiner Fährtensucher mit drei Schwarzafrikanern an. Von weitem schon hörte ich ihr Schwatzen. Es waren Sudanesen, die mein Boy entdeckt hatte. Nach langem Befragen erzählten sie, daß sie bereits seit Wochen auf der Flucht seien und nur mit Mühe dem bekannten Massaker der Nordsudanesen (in den Jahren 1962-1963) entgangen wären. Die Schilderung, die sie gaben, war grauenhaft. Aber ich hatte die Dinge selbst im Kongokrieg erlebt und wußte, wozu Eingeborene fähig waren. Als ich sie fragte, ob sie vielleicht wüßten, woher die Schüsse gekommen wären, gerieten sie in Erregung, und dann sprudelte ein Wortschwall das Erlebte hervor. Sie hatten beobachtet, wie drei weiße Jäger sich an eine kleine Elefantenherde anpirschten. Plötzlich habe die Herde Wind bekommen, und ein großer Bulle sei auf die Jäger losgestürmt. Schüsse seien gefallen, und sie hätten gesehen, wie der Bulle einen Jäger mit den Stoßzähnen hoch in die Bäume geschleudert habe. Dann seien sie weggelaufen.

Ich forderte die Sudanesen auf, mich sofort zum Platz zu führen, wo sich dies abgespielt hatte, denn im Busch ist es ein ungeschriebenes Gesetz, daß jeder jedem hilft. Halb im Laufschritt führten mich die Sudanesen zu dem Schauplatz der Katastrophe. Zwischen umgebrochenen Bäumen lag ein kapitaler Elefant. Wenige Meter daneben hockte ein Weißer, von einem anderen gestützt. Und oben im Geäst eines Baumes hing der leblose Körper eines dritten Weißen.

Zitternd standen etliche Schwarze herum. Ich ging zu dem Weißen, der verstört am Boden hockte. Es war der englische Jagdführer. Sein linker Arm hing mit offenem Bruch verdreht herab. Ich sprach ihn englisch an, aber er sah nur geistesabwesend zu mir hoch. Der Jäger, der ihn stützte, schien von einem schweren Schock betroffen. Er stierte stumm zu Boden und nahm mich nicht zur Kenntnis. Ich gab dem Jagdführer eine schmerzstillende Spritze, verband und schiente den Arm. Er ließ es apathisch geschehen und sah mich nur mit großen Augen an. Auf meine Fragen gab er keine Antwort. Für den Mann, der im Baum hing, gab es keine Hilfe mehr, denn all das, was wir in unserem Bauch haben, hing aus seinem Körper.

154

Die Schwarzen lösten sich langsam aus ihrem Schreck, und ich merkte, daß sie über unser Kommen froh waren. Sie wußten nicht, was sie tun sollten. Während meine Boys den Toten aus dem Baum holten, erfuhr ich, was sich hier vor nicht langer Zeit zugetragen hatte.

Der englische Jagdführer war mit zwei italienischen Jagdgästen einer kleinen Elefantenherde gefolgt. Plötzlich seien sie von der Herde bemerkt worden, und ein Bulle hätte sofort angegriffen. Ein Italiener hätte zweimal geschossen, aber ohne Erfolg. Der Bulle hätte ihn erreicht und mit den Zähnen hochgeschleudert. Dann hätte der Jagdführer aus nächster Nähe geschossen. Dabei sei er mit einem Rüsselschlag zu Boden geschleudert worden. Dann sei der Bulle zusammengebrochen und habe im Fallen noch etliche nicht gerade kleine Bäume umgerissen.

Ich ließ die Schwarzen zwei Tragbahren bauen und ordnete an, daß sie den verletzten Jagdführer und den Toten zu ihrem Fahrzeug tragen sollten, das nach ihrer Darstellung etwa fünf Kilometer entfernt stand. Von dort sollten sie dann in ihr Jagdlager fahren, in dem sich nach ihrer Aussage ein zweiter Jagdführer mit Gästen befand. Mehr konnte ich nicht tun. Auf einem Zettel gab ich eine kurze Darstellung für den Jagdführer im Lager mit.

Als sich der traurige Zug in Bewegung setzte, sah mich der verletzte Engländer immer noch geistesabwesend an. Der Italiener wurde von zwei Schwarzen geführt, er stierte noch immer zu Boden.

Mir kamen viele Gedanken – und mir wurde klar, wie nahe beieinander die freudvollen Jagdgefilde neben den ewigen Jagdgründen liegen, in die der italienische Jäger nun eingezogen war.

Die Regel stimmt nicht mehr

Ich hatte mein Jagdlager verlassen und war zwei Tage gefahren, um an der südlichen Tschadgrenze einen jungen Geparden zu fangen. Ich wollte nach langer Zeit wieder einmal eine Raubkatze zähmen. Daß ich mich im Tschad in der Savanne befand, merkte ich schon an der Temperatur. Während mein Jagdlager über 800 Meter hoch lag und wir dort 25 °C hatten, kletterte hier das Thermometer auf 46 °C. Aber die trockene Hitze war gut zu ertragen.

In einem Dorf erfuhr ich durch Zufall, daß ein mir bekannter Jagdführer in der Nähe sein Jagdlager habe und belgische Gäste führe. Trotz Müdigkeit fuhr ich in das 15 Kilometer entfernte Lager, um einen Besuch zu machen, um vor allem zu erfahren, wie es derzeit um die Geparden stünde. Ich hoffte, dadurch tagelange Pirschgänge zu ersparen.

Das Wiedersehen mit meinem alten Bekannten war herzlich, wie überhaupt die Kameradschaft selbst unter Großwildjägern, die sich nicht kennen, im Busch einmalig ist. Da gibt es keinen Schußneid, da wird alles, was man über Wildvorkommen weiß, offen dargelegt. Die Jagdräume sind unvorstellbar groß, die wenigen Jäger verlieren sich darin, und jeder findet das Wild, das er sucht. Bei eisgekühltem Whisky führten wir lange Gespräche, und am Ende mußte ich als Gast im Lager bleiben, damit mir Lagerbau und Kochen erspart blieben.

Die beiden belgischen Jagdgäste waren Neulinge und erstmals in Afrika. Sie waren sehr gesprächig, aber bescheiden in ihrer Art. Als mein Bekannter erzählte, daß man mich den Büffeltod nenne, weil ich angreifende Büffel auf 20 m heranrasen lasse, bevor ich schieße, baten mich die Belgier, mich auf einer Büffeljagd begleiten zu dürfen. Ich war zwar nicht hergekommen, um zu jagen, aber ich konnte die Bitte nicht abschlagen.

Am nächsten Morgen zogen wir los. Schon in Lagernähe sprang eine Büffelkuh ab, und ihre Flucht nahm kurz darauf eine ganze Herde mit, die polternd davonstob. Die beiden Belgier waren ganz erregt, als vom „Padabumm" der galoppierenden Herde die Erde bebte. Es war ihre erste Begegnung mit Büffeln.

Ich erklärte ihnen dann, wie ich Büffel jage und warum ich sie so nahe herankommen lasse. Ich legte ihnen klar, daß dies zwar ein Nervenkitzel sei, für mich aber eine Lebensversicherung darstelle. Denn auf kurze Entfernung sitzt meine Kugel auf anlaufende Büffel sicher, und die Schockwirkung auf die Herde ist größer, als wenn sie auf vielleicht hundert Meter beschossen wird.

Meine Fährtensucher hatten sich indessen an die Trittsiegel der Herde gehängt, und wir folgten rasch. Gewöhnlich flüchtet eine Herde kaum weiter als einen Kilometer und beginnt dann wieder zu ziehen und zu äsen. Dabei ist sie aber mißtrauisch und der Leitbulle wie auch die Aufpasserkühe sind doppelt aufmerksam. Man muß daher sehr vorsichtig anpirschen.

So hatten wir bald die Herde eingeholt, die weit auseinandergezogen äste. Die große Ausbreitung der Herde war ungünstig. Da kann es geschehen, daß man rascher vorstößt als seitlich ziehende Büffel, und dann ist man plötzlich von der Herde eingeschlossen. Das kann zu gefährlichen Situationen führen. Ich ließ daher meine Fährtensucher links und rechts ausschwärmen und ging mit meinen Begleitern geradeaus auf die Büffel zu. Meine Schwarzen sollten mich durch Vogelstimmen warnen, wenn ich zu rasch vorging.

Wir kamen immer näher an die Kolosse heran und bald hatte ich den Leitbullen erspäht. Es war ein Riese mit weit ausladendem, halbkreisförmig gebogenen Schild. Er sicherte nach allen Seiten, warf den massigen Schädel immer wieder zurück und drehte sich im Kreis. Von der Seite kam ein Teil der Herde auf ihn zu und wurde unruhig. Einige Jungtiere sprangen ab und etliche Kühe folgten blasend. Der Leitbulle lief einen Kreis, blieb plötzlich stehen und äugte in Richtung zu uns.

Ich gab meinen Begleitern ein Zeichen, sich tief hinzuhokken. Der Bulle mußte irgendwie Wind bekommen haben, denn er näherte sich uns im Paradeschritt. Die Büffel ringsum wandten sich ebenfalls in Richtung zu uns. Der Bulle schnaufte zornig und stampfte mit den Vorderläufen, daß die Steine flogen. Ich stand einigermaßen gedeckt, konnte aber über einen Strauch hinwegsehen.

Da kam der Büffel im gestreckten Galopp auf uns zu. Ich sah noch, wie meine Schwarzen auf die Bäume kletterten, stellte mich ganz frei und zog ab. Der Bulle machte einen regelrechten Kopfstand, blieb auf dem Rücken liegen und versuchte noch kurz, sich schlegelnd aufzurichten. Dann lag er still. Weit vor uns war das Brechen der flüchtenden Herde zu hören, und ab und zu raste ein Nachzügler an uns vorbei.

Ich bat die beiden Belgier stehenzubleiben und näherte mich mit der Büchse im Anschlag dem Bullen. Diese Vorsicht ist

158

sehr wichtig. Schon viele Jäger wurden getötet, weil sie sich dem nur scheinbar toten Büffel achtlos genähert hatten. Bei diesem Bullen mit dem gewaltigen Helm war bereits alles vorbei. Die Belgier waren glücklich über ihr erstes aufregendes Büffelerlebnis.

Am folgenden Morgen fiel die Pirsch aus, weil ein Tornado ein Gewitter heranführte und der Himmel seine Schleusen öffnete. Nach der Beendigung des Wassersegens dampfte die Erde, und die Luft war von Blütenduft erfüllt. Zu Mittag gab es geröstete Büffelleber. Bei dieser Köstlichkeit schwärmten die Belgier noch immer von ihrem Erlebnis.

Nach dem Essen baten die Belgier ihren Jagdführer, entlang der Piste fahren zu dürfen, um beim Wasserfall Aufnahmen zu machen. Er erlaubte es und gab einen Boy mit. Zur Sicherheit steckten sie ihre Gewehre in die Halterung hinter den Sitzen und fuhren winkend los. Ich zog mein Liegebett aus dem Zelt in den Schatten und schlief bald ein.

Nach kaum zwei Stunden weckte mich lautes Geschrei. Ich sah die Schwarzen aufgeregt durcheinanderlaufen, sah, wie der Jagdführer in ein Fahrzeug sprang und mit den Boys im Eiltempo davonfuhr. Der Küchenboy kam zu mir gelaufen und stammelte etwas von einem Löwen, der die Belgier angefallen haben sollte. Rasch bestieg ich mit meinen Boys mein Fahrzeug und fuhr den anderen nach.

Als ich etwa drei Kilometer Sandpiste hinter mich gebracht hatte, sah ich voraus das Fahrzeug des Jagdführers stehen, sah, daß sich alles um das zweite Fahrzeug drängte. Nach kurzer Zeit war ich da, und der Anblick der sich bot, war erschütternd. Die beiden Belgier hingen zerfleischt und leblos aus dem Fahrzeug.

Meine Fragen gingen im Geschrei der Schwarzen unter. Erst als der Jagdführer brüllend Ruhe geschaffen hatte, erfuhr ich, was sich hier ereignet hatte. Der Boy, der die Belgier begleitet hatte, schlotterte noch am ganzen Körper, als er berichtete. Er war mit den Belgiern langsam die Piste entlanggefahren. Die beiden Belgier saßen vorne im Landrover und hatten die Windschutzscheibe umgelegt, damit der Fahrtwind ein wenig kühlte. Er selbst hatte sich hinten auf den Kastenrand gesetzt. Als sie die Stelle erreichten, wo das Fahrzeug nun stand, sei unvermittelt ein starker Mähnenlöwe aus dem Gebüsch getreten. Während die Belgier den Wagen stoppten, sei der Löwe angesprungen. Dann habe er nur noch gesehen, wie der Löwe auf das Fahrzeug sprang und sei dann in panischer Angst davongerannt.

Was weiter geschah, bedurfte keiner Worte, keiner Zeugen. Die beiden Belgier hatten demnach nicht einmal Zeit gehabt, nach den Gewehren zu greifen.

Das Ganze war nicht zu fassen. So lange in Afrika gejagt wird, galt das Fahrzeug als eine Art Lebensversicherung. Nie hatte Großwild ein Fahrzeug angegriffen. Ich selbst hatte es hundertfach erlebt, wenn ich mit meinem Wagen plötzlich Elefanten, Büffeln oder Leoparden gegenüberstand. Sobald ich den Motor abgestellt hatte, wurde das Fahrzeug gelassen betrachtet, und dann zog man ab.

Und nun war die eiserne Regel vom Schutz im Fahrzeug durchbrochen und galt nicht mehr. Die Opfer waren zwei Jäger, die erstmals nach Afrika kamen. Wir sahen uns bestürzt an, konnten es nicht begreifen. Eine Regel, von Menschen aufgestellt − ein Löwe hatte sie mißachtet −.

Von Raubtieren umgeben

Es war noch dunkel, als ich mit meinen Schwarzen an der Nordgrenze von Zaire aufbrach. Nur das Erblassen der Sterne verriet den nahenden Tag. Die Silhouetten aufgebaumter Riesenvögel wirkten wie Scherenschnitte. Dann und wann ging Wild flüchtend ab, anderes stand wie versteinert und beobachtete uns mißtrauisch. Mehrmals zogen Elefanten eilig ab. Wie ein Phantom verschwanden diese Kolosse, ohne auch nur das geringste Geräusch zu machen.

Diese Zeit zwischen Nacht und Tag ist im Busch von einer unheimlichen Stille begleitet. Es scheint, als ob die Natur all das vergessen möchte, was in der Nacht geschah, als ob sie den Atem anhält vor dem, was der helle Tag bringen wird. Als es dann innerhalb weniger Minuten hell wurde, das vielseitige Geschrei der Vögel anhob und Graupapageien krächzend aufflogen, begannen wir unsere Pirsch.

Mich interessierten diesmal nicht die vielartigen Fährten der Antilopen, nicht die großen Losungsknödel der Elefanten, sondern mein Suchen galt der Handschrift des Löwen. In den vergangenen Tagen hatte mich mehrmals ein Häuptling des Shuar-Stammes in meinem Jagdlager besucht und geklagt, daß Löwen immer öfter Rinder aus seiner Herde schlügen.

Die Shuar ziehen als Nomaden mit ihren Rinderherden kreuz und quer durch den Busch. Auf ihrem Zug weiden die Rinder weit verstreut, nur von wenigen Hirten begleitet, denn die einzelnen Sippen folgen mit ihrer Habe in großem Abstand nach. Für die Löwenfamilie ist es eine leichte Art der Nahrungsbeschaffung, Rinder und Kälber zu schlagen. Die Hirten merken den Verlust meist erst am Abend, wenn sie für die Nacht eine Wanderpause einlegen.

Die Mitteilung der Shuar kam mir sehr gelegen. Denn schon lange hatte ich keine Löwenstimme mehr gehört und war der Meinung, daß die Eingeborenen wieder einmal mit großer Giftaktion eingegriffen hätten.

Beim Erreichen einer Suhle fanden wir einen Jungbüffel, der vielleicht vor einer Stunde gerissen sein mußte. Wir sahen ringsum Fährtenabdrücke von Löwen, die den Büffel zwar getötet, mit dem Fraß aber noch gar nicht begonnen hatten. Ob wir die Störung des Frühstücks waren, blieb eine Frage.

Während ich die Fährten untersuchte, trotteten fast schlafwandlerisch zwei Hyänen heran. Sie streckten ihren Fang senkrecht in die Luft, sie witterten das Löwenfrühstück. Als uns die zottigen Kerle entdeckten, sahen sie uns frech an. Steinwürfe meiner Begleiter verscheuchten sie nur ein kleines Stück. Sie ließen sich nieder und beobachteten uns aufmerksam. Beim Verlassen der Suhle stellte ich noch Fährtenabdrücke eines Leoparden fest. Es schien, als hätten Löwen und ein Leopard dasselbe Opfer angeschlichen, wobei die Löwen früher zuschlagen konnten.

Wir setzten uns eilig vom toten Büffel ab, um eine baldige Rückkehr der Löwen zu ihrer Frühstückstafel zu ermöglichen. Wir waren kaum außer Sichtweite der Suhle, als die „Stimme des Herrn", das langgezogene Brüllen eines Löwen, zu uns drang. Ich wollte deshalb einen großen Bogen um den Schauplatz gehen, um mich von Norden her nochmals dem toten Büffel zu nähern. Das dortige Gelände bot fast bis zur Suhle volle Deckung. Das Ziel zu finden war kein Problem, denn aus großen Höhen kamen aus allen Richtungen Aasgeier und Marabus ohne Flügelschlag angeschwebt und baumten weit vor uns auf. Der Wind strich gegen uns, so daß wir ohne große Vorsicht gut vorankamen und bald Blick zum Büffel hatten.

Dort war man mit dem Frühstück voll beschäftigt. Zwei Löwinnen rissen große Fleischbrocken aus dem Büffel, die ihnen sofort von drei Jungtieren aus dem Fang gezogen wurden. Der Löwe, dessen Stimme wir gehört hatten, war nicht mehr am Riß. Er hatte sich wohl schon gesättigt und lag irgendwo im Schatten zum Verdauungsschlaf. Ich gab Zeichen zur Umkehr. So herrlich es war, dieses Mutterglück anzusehen, so gefährlich war es. Es brauchte nur der Wind zu küseln, der unsere Wittrung zu den Löwen trug. Was dann geschehen würde, war nicht abzusehen,

Immer wieder den Wind prüfend, zogen wir uns schnell zurück, und nahmen Richtung Jagdlager, aus der die grollenden Stimmen mehrerer Löwen kamen. Nach längerem Marsch legte ich eine Pause ein, um unserem Hunger Rechnung zu tragen. Während ich Konserven öffnete, packte mich ein Boy beim Arm, und deutete zu einem Termitenhügel. Ich erschrak nicht schlecht. Stand doch dort ein ausgewachsener Leopard, der am Fuß des Termitenturms herumschnupperte und uns anscheinend ignorierte! Langsam erhob ich mich, um für alle Fälle nach der Büchse greifen zu können. Doch es war überflüssig. Die herrliche Katze verschwand so plötzlich, wie sie gekommen war.

Während wir aufbrachen, dröhnten wieder die Stoßlaute der Löwen. Sie kamen aus zwei Richtungen. Dem Gebrüll nach bewegten sich zwei Löwen aufeinander zu, um ihren Herrschaftsbereich zu verteidigen. Nach einer Weile Stille. Selbst die Wildtauben verstummten. Ich gab das Zeichen zur äußersten Vorsicht.

Da begann unmittelbar vor uns ein unheimliches Gebrüll. Es war der Kampflärm zweier raufender Löwen. Das Grollen und Fauchen war beängstigend. Behend kletterten meine Begleiter auf die Bäume, um sich in Sicherheit zu bringen. Immer volle Deckung wählend, ging ich dem Kampfplatz entgegen. Vorsicht war nicht nötig, denn das Brüllen übertönte alle Geräusche. Am Rande einer Lichtung konnte ich den Kampfplatz einsehen. Aus dem hohen Sisangagras tauchte ab und zu ein hochspringender Löwe auf. Dann sah ich für Sekunden beide Löwen hoch aufgerichtet, gegenseitig in die Mähne verbissen. Es war ein aufregendes Zusehen und wurde rasch gefährlich, da sich die Kämpfer meinem Standort näherten. Hätten sie mich entdeckt, wären sie in Einigkeit sofort meine Gegner geworden.

Im Laufschritt zog ich mich zurück und erreichte meine verängstigten Schwarzen. Sie hatten es sehr eilig, in das Jagdlager zu kommen, zumal neuerdings unweit von uns neues Löwengrollen kam. Es schien, als würden ringsum die Hoheitsgebiete der einzelnen Löwenrudel neu bestimmt. Wir waren von Raubtieren umgeben.

Weihnachtsgeschenk von St. Hubertus

Es war Heiliger-Abend-Vormittag, als ich Bangui verließ. Die Sonne brannte bereits unbarmherzig herab, als ich über den Marktplatz fuhr, bei dessen Brunnen man einen geschmückten Tannenbaum aufgestellt hatte. Bei der Hitze von 38 °C waren die Nadeln schon leicht gebräunt. Aber die ansässigen Franzosen halten an diesem europäischen Brauch fest, wenngleich sie den Heiligen Abend selbst ganz anders begehen als wir Deutsche. Sie verbringen den Abend in den Restaurants, setzen sich Papiermützen auf und feiern alkoholstark wie im Fasching. Um dieser merkwürdigen „Weihnachtsandacht" zu entgehen, fuhr ich in den Busch. Ich nahm nur meinen Küchenboy mit, der ein ausgezeichneter Fährtensucher war.

Auf der einzigen guten Piste des Landes, die nordwärts in den Tschad führte, kam ich rasch voran. Mittags erreichte ich bereits Fort Sibut, wo ich mich bei einem befreundeten französischen Farmer einfach zum Mittagessen einlud. Allerdings brachte ich den Braten selbst mit, drei unterwegs erlegte Perlhühner, die ich der Hausfrau statt Blumen überreichte.

Bei diesem kurzen Besuch erfuhr ich jagdlich allerlei Neues, und so änderte ich meinen Plan und fuhr über Grimari nordwärts nach Morobanda. Bei dem dortigen Häuptling war ich vor Jahren mehrere Wochen Gast, um im Rahmen meiner Kultforschungen das brutale Ritual der Beschneidung der Mädchen zu filmen. Ich hatte damals in der Nähe von Morobanda und Gribingi starke Elen-Antilopen erlegt und auch Begegnung mit Büffelherden gehabt.

Es war bereits dunkel, als ich das kleine Dorf erreichte. Überall vor den Hütten brannten die Feuer. Ich machte nur kurzen Besuch beim Häuptling, gab ihm als Weihnachtsgeschenk eine Flasche Whisky und einen 10-kg-Sack mit Salz und ließ mir dann die letzten Wildbeobachtungen sagen. Den Vorschlag, mein Lager etwa zwei Kilometer vom Dorf entfernt aufzuschlagen, nahm ich gern an.

Bald hatte ich den Platz erreicht. Er lag an einem kleinen Bach und gab nach allen Seiten die Sicht frei. Im Scheinwerferlicht des Wagens baute ich mit dem Boy das Zelt auf, ließ aber meine Liege mit Moskitonetz ins Freie stellen. Es gibt kaum etwas Schöneres, als über sich den klaren Himmel mit den funkelnden Sternen zu haben, keuchend flüchtendes Wild zu vernehmen, Schrecklaute der Affen zu hören und beim Grollen eines Löwen aufzuschrecken.

Für den Heiligen Abend hatte ich einen besonderen Speisezettel zusammengestellt. Damit mein Boy nicht lange kochen mußte, bestand das Festessen aus einer Reihe bester europäischer Konserven. Prasselnd loderte das Feuer in die kohlschwarze Nacht. Nur wenn man länger zu den Sternen sah, hatte man das Gefühl, als käme vom Himmel eine strahlende Helligkeit.

Und dann war der Festschmaus fertig. Rollbraten mit kleinen Kartoffeln und grünen Erbsen. Als Nachspeise Schokoladenkrem mit Bahlsenkeks. Dazu aus meinem Petroleum-Eisschrank kühles Bier – Münchner Löwenbräu in Dosen. Mein Boy grinste und fletschte seine Perlzähne, so sehr schmeckte ihm sein Erzeugnis. Nachdem wir noch eine Flasche Rotwein gebechert hatten, kroch ich unter mein Moskitonetz.

Das Feuer knisterte, wirbelnde Funken stiegen auf, und gespenstisch flackerte das Licht in den Baumkronen. Heiliger Abend – an viele Jahre zurückdenkend, ließ ich die Heiligen Nächte an mir vorbeiziehen. Da waren jene in meiner Jugend, da ich den ganzen Tag in Erwartung der Bescherung zitterte, fürchtend, daß das Christkind vielleicht meinen geschriebenen Wunschzettel nicht erfüllen würde. Dann die Heiligen Nächte an der Front im Eismeer, wo im Zucken des Nordlichts neben mir Kameraden starben. Heiliger Abend in Gefangenschaft hinter Gittern. Ich sah vor mir noch das „Festessen" aus drei Kartoffeln und einem Hering. Dann die glücklichen Heiligen Abende mit meiner Familie in Deutschland.

Jetzt, da ich unter freiem Himmel im Busch lag, läuteten in Deutschland die Weihnachtsglocken zur Christmette, und die Wünsche meiner Familie kreuzten sich mit den meinen. Heiliger Abend im Busch, in der Einsamkeit endloser Weiten. Ich schaute zum Kreuz des Südens, das knapp über dem Horizont stand. Um das Moskitonetz schwirrten Feuerfliegen. Meine Gedanken waren zu Hause in Bayern. Ich sah die verschneiten Berge, den glitzernden Schnee, vermummte Menschen, die zur Kirche gingen.

Der Todesschrei eines Pavians riß mich aus meinen Träumen. Er war sicher der Weihnachtsschmaus eines Leoparden. Mein Boy schob dicke Äste in das Feuer und kroch näher zu meiner Liege. Ich prüfte meine große Stablampe und den Karabiner, die an meiner Seite lagen. Dann schlief ich ein.

Papageiengezeter und Affenlärm weckten mich. Gerade richtig, um nicht wertvolle Pirschzeit des frühen Morgens zu verlieren. Eilig hatte der Boy Kaffee bereitet, und nach ausgiebigem Frühstück zogen wir los. Wir brauchten von hier aus keinen Wagen, denn auf einer alten sandigen Piste zur Diamantenmine konnten wir Fährten aufnehmen. Perlhühner liefen vor uns her, ein junger Pavian folgte uns, und in geringer Höhe kreiste ein Marabu.

Mein Boy stoppte – Schalenabdrücke – fast gleichzeitig sagten wir beide „Elen". Es mußten zwei starke Bullen sein, denn die Abdrücke waren breit und tief. Also hängten wir uns an, nachdem wir mit dem „Puh–Puh" (feinste Asche, die aus einem porösen Beutel geklopft wird) den Wind geprüft hatten. Die beiden Elenantilopen zogen gegen den Wind. In flotter Gangart folgten wir den Fährten, bis wir vor warmer Losung standen. Jetzt hieß es, vorsichtig pirschen, denn die Elenantilope ist ein sehr aufmerksames Wild. Die Fährten führten durch steiniges Gelände einen steilen Hang aufwärts, dann wieder abwärts in ein Tal, um neuerdings bergauf zu führen.

Die Sonne brannte schon heiß herab, und wir waren bereits über zwei Stunden auf der Fährte. Während man alle Arten von Antilopen durch normale Pirsch bejagt, also bei vielfältiger Begegnung zu Schuß kommt, ist eine normale Pirschbegegnung mit Elen selten. Hier muß man sich, wie bei Elefant und Büffel, an die Fährten hängen, denn diese Antilope ist nicht nur die größte und schwerste Afrikas, sondern auch die unruhigste. Sie ist dauernd unterwegs, scheu und vorsichtig. In der Äsung ist sie wählerisch und marschiert viele Kilometer, um die ihr genehme Nahrung zu finden. Die Elens bilden Rudel bis zu dreißig Stück. Ältere Bullen, die

168

Zwei starke Elengehörne.

den Brunftkampf verloren haben, sondern sich ab und werden Einzelgänger.

Wir verschnauften gerade am Beginn eines steilen Abhanges, als auf dem gegenüberliegenden Hang Steine rollten. Nach längerem Suchen hatte ich zwei starke Elenbullen mit gut gedrehtem Gehörn im Glas. Vorsichtig setzte ich das Zielfernrohr auf, denn die Entfernung über das Tal hinweg war gut hundertachtzig Meter. An einem Baumstamm anstreichend zog ich ab. Der Bulle sackte auf der Stelle zusammen. Der zweite sprang ab, blieb nach kurzer Flucht stehen und ging sogar wieder zurück. Schnell hatte ich ihn im Fadenkreuz und ließ fliegen. Der Bulle zeichnete Blattschuß, ging hoch und fiel um.

Mein Boy kam gelaufen, brach einen Zweig und überreichte ihn mir als Bruch, wie er es gelernt hatte. Dabei sagte er aufgeregt: „Niama ousse, nguia ti be ti lo." Das hieß etwa: „Du hast großes Glück, zwei auf einmal". Ja, dieses Waidmannsheil war einmalig. Im Geröll rutschend, über Steine springend, lief ich den Hang hinab, keuchte den Gegenhang hoch und stand nach Atem ringend vor meinem Elen-Paar. Kaum zwanzig Meter auseinander lagen sie gestreckt im steinigen Feld.

Das Findelkind

Nach erlebnisreichen Tagen im südlichen Tschad, wo ich mich im Raum Irosee näher über die Lippentellersitte der Kyabe-Frauen informierte, begann ich eine Non-Stop-Reise. Ich wollte raschest nach Birao, um dort mein Filmmaterial auf dem Luftwege nach München zu befördern. Anschließend wollte ich einen Geparden bejagen, um einen Wunsch des Forstministeriums in Bangui zu erfüllen. Ich sollte einen Geparden erlegen, der für das Naturmuseum präpariert werden sollte. Obwohl es mir keinen Spaß machte, diese herrliche Großkatze zu bejagen, mußte ich den Ministerialwunsch erfüllen.

Ich hatte rund 600 Kilometer zu fahren. Die Strecke war landschaftlich wunderschön und versprach reiche Wildbegegnung. Ich fuhr ganz allein und „erschoß" mir unterwegs lediglich meinen Mittagsbraten, Jagd sollte beiseite bleiben. Daher gab es jeden Tag Perlhuhn. Am Ende meiner Fahrt konnte ich das weiße Fleisch nicht mehr sehen. In Golongosso ließ ich bei der staatlichen Wilddienststelle meine Waffen plombieren, um in das Bangoran-Reservat fahren zu können. Eine Fahrt durch dieses Schutzgebiet war immer lohnend und erbrachte beste Wildaufnahmen.

Nach vier Tagen Fahrt erreichte ich Koumbal, die Pistenabzweigung zu den heißen Quellen zwischen dem Yata-Ngaya-Reservat und der Sudangrenze. Hier wollte ich mich einer Generalreinigung unterziehen, denn meinen gesamten Seifenvorrat mußte ich bei den Kyabe-Frauen lassen, um ihren Lippenschmuck fotografieren zu dürfen. Dazu hatte ich unterwegs zwei Pannen, die meine Hände entsprechend eingeölt hatten.

Drei volle Tage aalte ich mich in den heißen Tümpeln und erlebte eine ungewöhnliche Überraschung. Mein Fahrzeug stand im Schatten einer Baumgruppe, etwa hundert Meter vom Natur-Thermalbad entfernt. In der letzten Nacht wurde ich vom Blasen eines Büffels wach. Am Morgen stellte ich dann erstaunt fest, daß der Büffel im heißen Wasser gebadet hatte!

Meine Weiterfahrt brachte mich an der Dreiländergrenze ans Ziel. Ich fand einen idyllischen Lagerplatz auf einer Anhöhe und errichtete mein Lager unter einem weit ausladenden Blätterdach. Während ich das Moskitonetz spannte, standen plötzlich zwei schwarze Jäger vor mir. Es überraschte mich nicht, denn es ist immer so, daß Eingeborene wie aus dem Boden gewachsen auftauchen. Zur Begrüßung hoben sie ihre Speere und Pfeile. Sie erzählten mir, daß ihr Dorf in einem längeren Marsch zu erreichen wäre und fragten, ob ich sie als Fährtensucher brauchen könnte, ob sie gleich bei mir bleiben dürften. Mir war das recht, ersparte ich mir dadurch sicherlich stundenlanges vergebliches Pirschen. Die beiden halfen sofort beim Ausbau meines Lagers. Zwischen Baum und Fahrzeug ließ ich eine Plane spannen, so daß ich den ganzen Tag über Schatten haben konnte.

Sogleich brach ich mit den beiden zur Pirsch auf und schonte somit ein wenig meine Konservenvorräte. Wir steuerten den Galeriewald an, der den Nzili-Fluß an beiden Ufern säumt. In der Mitte des Abhanges erhob sich eine der kleinen Ori-

172

bi-Gazellen und sprang elegant im Zickzack davon. Quer zum Hang wehte der Harmadan, der warme Wind aus der Sahara, der erst hier langsam ausklingt. Er bringt feinsten Staub mit, der sich beim Atmen in der Nase festsetzt, so daß man laufend Gefahr läuft, niesen zu müssen. So mancher Schuß wurde dadurch schon verhindert.

Beim Einschlupf in den Galeriewald nahm uns eine wunderbare Kühle auf. Man brauchte eine Weile, bis man sich an das Dunkel gewöhnt hatte. Hoch oben in den Ästen turnten Hunderte von Affen herum, und wenn sie sich flüchtend in Bewegung setzten, war das, als würde ein Sturm durch die Baumwipfel fegen. So auch jetzt, als wir den Bach erreichten. An den Ufern des seichten Wassers stand verfilztes Unterholz, wir nahmen deshalb unseren Weg im knietiefen Bach. An einer Stelle führte ein breiter Trampelpfad in das Wasser. Meine Begleiter duckten sich plötzlich so tief, daß ihr Hinterteil ins Wasser tauchte. Ich machte das gleiche. Einer der beiden zeigte nach vorne. Behutsam nahm ich das Glas und suchte den düsteren Schlund vor uns ab.

Da, eine Bewegung – ich erkannte einen Büffel, der im Wasser stand und schöpfte. Er stand spitz zu uns und war fast ganz von hängenden Ästen und Lianen verdeckt. So sehr ich mich mühte, den Büffel richtig anzusprechen, ich konnte nicht erkennen. ob es ein Bulle oder eine Büffelkuh war. Gute zehn Minuten mochten wir so gehockt haben. Der Büffel rührte sich nicht von der Stelle, und ich bekam einen Krampf in den Beinen. Deshalb stand ich auf –.

Sofort entdeckte mich der Büffel, sprang aus dem Dunkel des Galeriewaldes auf den sonnenbeschienenen Hang. Ich konnte gerade noch feststellen, daß es eine Büffelkuh war, bevor diese davonstiebte. Meine Fährtensucher sahen mich enttäuscht an, denn sie hätten auch auf eine Büffelkuh geschossen.

Weiter ging unser Wassermarsch. Als ich wieder einmal stehenblieb, um mir die Affen hoch über uns im Geäst anzusehen, entdeckte ich eine Pythonschlange, die sich von einem Ast herunterließ und im Wasser Kühlung suchte. Schnell waren meine Begleiter hinterher und fingen sie. Sie war etwa 4$^1/_2$ Meter lang. Damit war das Abendessen für meine Begleiter gesichert. Aber ich wollte ja eine Antilope strecken, damit in den folgenden Tagen keine „Küchenjagd" nötig war. Denn mein Ziel, einen Geparden zu erlegen, zwang mich, keinen unnötigen Schuß abzugeben. Wir hatten vielleicht noch zehn Minuten Büchsenlicht, als ein junger Wasserbock hastig zum Wasser strebte. Auf der Uferböschung gab ich ihm die Kugel.

Am Abend saß ich mit den beiden Burschen am Feuer und besprach mein Vorhaben. Tschambo, der Wortführer, erklärte mir, wo er in den vergangenen Tagen Geparden gesichtet habe.

Blaßgelb erhob sich aus der dunstigen Savanne die Sonne. Ich stand auf einem „Feldherrnhügel" und suchte mit dem Fernglas nach Wild. Der frühe Morgen war kalt, und nur zögernd begann das vielstimmige Vogelgeschrei. Im Osten wurde das Grasland von Borassuspalmen begrenzt, aus deren Schatten sich gerade einige Giraffen lösten. In der anschließenden Akaziensteppe standen einige Büffel, die mit erhobenem Träger in die gleiche Richtung sicherten. Tschambo deutete zum Galeriewald, aus dem gerade einige „Jamussa", Riesenelenantilopen, traten und genau zu unserem Hügel zogen. Ich hoffte, daß ihnen der Morgenwind bald Wittrung bringen würde und sie ohne „Aufgalopp" abdrehten.

174

Kaum gedacht, drehten sie wirklich ab, aber mit „Aufgalopp". Ich prüfte den Wind, er stand halb gegen uns. Wir konnten also keine Fluchtursache sein. Des Rätsels Lösung folgte rasch. Hinter einem breiten Termitenhügel erschienen ein, zwei, drei junge Löwen und trotteten im Gänsemarsch zum Galeriewald. Zum Glück bot sich dieses friedliche Bild in fünfhundert Meter Entfernung, denn nun mußten ja bald die Löwinnen auftauchen. Wir nahmen sofort Deckung, und ich lehnte meine Büchse griffbereit an einen Baum. Da tauchten die Mütter auf, zwei starke ausgewachsene Tiere. Ab und zu verhofften sie, und ein böses Knurren drang zu uns herauf.

Ich suchte weiter nach Wild. Da hatte ich die Büffel wieder im Glas und sah, wie sie sich unruhig hin und her bewegten. Und schon gingen sie in voller Flucht ab. Vom Westen her mußte eine Gefahr kommen. Ein Nachzügler, ein Jungbüffel, verlor den Anschluß und änderte die Richtung. Wenn er diese hielt, kam er genau zu uns. Plötzlich stoppte er – ich sah nur noch Staub aufwirbeln, und dann war er im meterhohen Gras verschwunden. Der Büffel war gerissen worden.

Tschambo sah mich an – „bamara?" „Löwe?" fragte er mich. Es könnte sein, daß die Herren mit Mähne ihren Familien gefolgt und auf die Büffel getroffen waren. Wir brachen sofort auf und konnten genau gegen den Wind gehen. Die vielen zwei bis drei Meter hohen Termitenhügel boten reichlich Deckung. Zudem war Raubwild frisch am Riß immer unaufmerksam. Einen vertrockneten hohen Baumstumpf anpeilend, pirschten wir gebückt weiter. Dort war der Büffel verschwunden.

Wir hatten bis zum Stumpf vielleicht noch zwanzig Meter, als ein Stück Wild flüchtig abging. In dem schulterhohen

175

Gras konnte ich zwar den Fluchtweg verfolgen, aber den Flüchtling selbst sah ich nicht. Beim Stumpf angelangt, standen wir vor dem Büffel, einer kräftigen, aber noch sehr jungen Kuh. Dem Würgebiß am Hals nach zu schließen, konnte sie nur von einem Gepard geschlagen sein.

Und da sah ich ihn. Auf etwa 500 Meter Entfernung stand er am Savannenrand und äugte zu uns. Rasch setzte ich meiner Kamera das Teleobjektiv auf und hielt ihn im Bilde fest. Tschambo löste einen Schlegel aus, schnitt die Leber heraus und dann schickte ich ihn ins Lager zurück. So einfach kam ich noch nie zu frischer Büffelleber.

Mit meinem zweiten Begleiter, dem schweigsamen Doulis (das heißt in der Sangho-Sprache „Elefant") wollte ich noch einige Stunden pirschen. Als ich ihn fragte, wie er zu diesem Namen käme, erklärte er mir, daß sein Vater kurz vor seiner Geburt von einem Elefanten getötet worden sei.

Schwitzend durchquerten wir das hohe Sisangagras, um einen Dornbusch anzusteuern, über dem Marabus und Aasgeier kreisten. Ich wollte nachsehen, was es dort gab. Als wir den Busch erreichten, erhoben sich unzählige Geier und baumten auf. Nach wenigen Schritten lag vor uns ein Gepardenweibchen, von den Geiern schon stark angefressen. Doulis bückte sich und zog aus deren Flanke einen Pfeil. Der Gepard war demnach von einem Schwarzen angeschossen worden und wohl nach qualvollen Tagen verendet. Eine bestialische Wilderei, die bei mir Wut auslöste, so daß ich den unschuldigen Doulis anschrie, als habe er es getan.

Dann nahm ich den Pfeil und verglich ihn mit den Pfeilen, die Doulis trug. Es war die gleiche Machart. Sowohl die selbstgeschmiedete Spitze als auch die Leitfedern glichen einander wie ein Ei dem anderen. Nun legte ich in meinem

Die Mutter des kleinen Geparden war durch einen Pfeil elend verendet, ohne menschliche Hilfe wäre das wenige Wochen alte Kätzchen verhungert. Hier ist der Kleine bereits vier Monate alt.

Zorn los und sagte es Doulis auf den Kopf zu, daß irgend ein Lump seines Dorfes diese Schweinerei begangen haben müsse. Denn vielleicht führte die Gepardin Junge. Doulis sah verzweifelt um sich, verängstigt sah er mich an und stotterte unverständliches Zeug.

Ich setzte mich in den Schatten, mir war jede Lust zur Pirsch vergangen. Doulis schlenderte scheinbar planlos umher. Aber bald merkte ich, daß er nach Fährten suchte. Plötzlich schlich er tief gebückt etwas an, richtete sich immer wieder kurz auf, und dann lief er los. Er rannte im Zickzack, dann wieder im Kreis und verschwand im Unterholz des Waldrandes. Ich konnte mir nicht denken, was er verfolgt haben könnte. Nach einer halben Stunde kam er zurück und trug in den Armen ein dickes Blätterbündel. Je näher er kam, um so mehr zeigte er grinsend seine perlweißen Zähne.

Dann stand er vor mir, hielt mir das Blätterbündel hin und ließ einen Wortschwall los, von dem ich wirklich kein Wort verstand. Das war auch nicht nötig, denn aus dem Bündel sahen mich die ängstlichen Kulleraugen eines Gepardenkätzchens an. Rasch zog ich den kleinen Kerl aus den Blättern und hielt das zappelnde Wesen hoch. Ein junger Gepard, etwa drei bis vier Wochen alt – und kaum hundert Meter entfernt fraßen Geier seine Mutter ...

Ich wußte damals nicht, sollte ich nochmals zornig werden oder sollte ich mich freuen? Meine Sorge war bloß, ob das Kätzchen meine verdünnte Dosenmilch annehmen würde. Anderes hatte ich nicht. Welch glückliche Fügung war es doch, daß ich nach dem Büffelfund noch ein wenig pirschen wollte! Die kleine Katze wäre unweigerlich verhungert. Im Lager angekommen, schmorte schon die Büffelleber und auf den Holzrosten duftete der Schlegel.

Als das Kätzchen die Milch annahm und laut schmatzte, war ich überglücklich. Ich hatte zwar keinen Geparden erlegt, aber meine Safari war ungleich erfreulicher. Ein gepunktetes Findelkind war mein eigen. Nach einem Vierteljahr nahm ich den Geparden, der inzwischen völlig zahm war, mit nach München. Unter der liebevollen Pflege meiner Frau wurde er zimmerrein, leinenführig und Liebling aller Freunde und Bekannten.

Keine Freude am Waidmannsheil

Die Tage der Erholung bei meinem französischen Freund Jaques in Nola, Zentralafrikanische Republik, gingen zu Ende. Nola, ein größeres Dorf im Urwald, war Wohnsitz meines Freundes, der als Holz-Prospekteur tätig war. Seit drei Jahren drang er tief in den Urwald ein, um „Tonhölzer" (Baumarten für den Instrumentenbau) zu suchen, für die auf dem Weltmarkt hohe Preise gezahlt wurden.

Jaques galt als Urwaldspezialist, kannte Pygmäenstämme bis tief in den Kongo hinein und war mit dem Labyrinth von Wasserläufen des großen Urwaldflusses Sangha vertraut. Obwohl ich selbst monatelang Urwalddurchquerungen gemacht hatte und im schier undurchdringlichen Gebiet des Lobayeflusses gleichsam beheimatet war, hatte ich doch lange nicht die Erfahrung wie mein Freund Jaques.

Mir ging es vor allem darum, Kontakte zu den Bambutistämmen zu bekommen, um Hilfen für meine Urwaldjagd zu erhalten. Von Nola aus konnte ich mit meinem Fahrzeug bis Salo fahren, dann war die Piste zu Ende, ich stand am Sanghafluß. In wenigen Stunden hatte ich zwei große Einbaumboote organisiert, dazu je zwei Mann als Ruderer. Mit Mühe brachte ich meine Ausrüstung und Verpflegung unter. Das Gepäckboot war so belastet, daß kaum 10 cm Rand über das Wasser ragte. Mein erstes Ziel war Bayanga, etwa 70 Kilometer südlich am Yobezufluß gelegen. Da wir flußabwärts ruderten, kamen wir rasch voran, zumal der Sangha eine starke Strömung hatte und weite Strecken schnurgerade floß.

Ich hatte mir im Boot einen bequemen Liegesitz geschaffen und genoß die Fahrt. Ufer im Sinne des Wortes gab es nicht. Die grüne Wand der Baumriesen schloß zwar mit ihren überhängenden Blattdächern am Wasser ab, aber da war noch kein Ufer. Mangrovenwald auf Stelzwurzeln stand noch Hunderte Meter im Wasser. Vogellärm erfüllte die Luft, und Schreiseeadler glitten ohne Flügelschlag lautlos über den Fluß. Ab und zu tauchten Flußpferde weg, und wenn wir nahe an das „Ufer" heranfuhren, begann in den Baumkronen das Geschrei flüchtender Affen.

Gegen Abend erreichten wir Bayanga. Der Ort bestand aus etlichen Pfahlbauhütten, die mit Holzstegen untereinander verbunden waren. Ein langer Brettersteig führte auf das Festland. Hier war eine große Fläche des Urwaldes gerodet und eine Kakao- und Bananenpflanzung angelegt. Ein alter Häuptling stand mit all seinen Einwohnern am Steg und begrüßte mich. Die Verständigung war einfach, weil ich inzwischen die Sangho-Sprache einigermaßen erlernt hatte.

Als ich meine Gewehre auspackte, überfiel mich der Häuptling mit einem Wortschwall. „Doulis, Ngba, Ngi, Ngoumbe, Tagba", also Elefanten, Waldbüffel, Gorillas, Krokodile und Bongoantilopen sollte es in Mengen geben. Damit wußte ich, daß man sich von meiner Jagd viel Fleisch versprach. Und sogleich bedrängten mich einige junge Burschen, die mich zu „legue ti niama", zu Wildfährten, führen wollten.

Nachdem ich meine überdachte Hängematte aufgehängt hatte, und mein Gepäck in einer Hütte verstaut war, suchte

180

ich mir einen kräftigen Burschen aus, der mich für eine Pirsch führen sollte. Erfreut stellte ich fest, daß die Eingeborenen viele weitführende Trampelpfade geschlagen hatten, so daß wir das Buschmesser kaum brauchten. Als die Pflanzungen hinter uns lagen, nahm uns die Dämmerung des tropischen Regenwaldes auf. Ich mußte mich erst wieder an das Dämmerlicht gewöhnen und machte darum etliche Zielübungen über Kimme und Korn.

Wir mochten eine halbe Stunde marschiert sein, als mein Begleiter an sein Ohr deutete. ,,Makako" (Affen), flüsterte er. Als auch ich ein Klopfen hörte, sagte er erregt ,,Ngi", Gorilla. Die Erregung erfaßte auch mich, hatte ich doch eine Sonderlizenz für den Abschuß eines Gorillas, weil die Staatssammlung ein Gorilla-Skelett brauchte. Vorsichtig bewegten wir uns weiter, und das merkwürdige Klopfen kam näher. Doch plötzlich war der Pirschpfad zu Ende.

Aus Erfahrung wußte ich nun, was auf mich zukam. Ohne den Gebrauch des Buschmessers zwängten wir uns durch den Wirrwar von Ästen, Lianen und dornigen Büschen. Ich zog eilends mein Moskitonetz über den Kopf, denn aus dem Blätterdach fielen die ersten Riesenameisen, deren Biß sehr schmerzhaft ist. Schweißgebadet quälten wir uns weiter. Wenn ich meinte, jetzt ging es nicht mehr weiter, fand mein Fährtensucher immer wieder einen Durchschlupf.

Und dann standen wir vor den ersten Schlafnestern der Gorillas, die sich auf dem Boden befinden. Gorillas leben im Sippenverband und werden vom stärksten männlichen Tier geführt. Am Rande eines der Nester lag ein Haufen Losung. Sie war noch warm, stammte wohl vom Trommler, den wir gehört hatten. Dies bedeutete Umkehr, denn eine Weiterpirsch wäre sinnlos gewesen. Der Gorilla mußte die Geräusche unseres Vorwärtskriechens gehört haben. Auf dem Rückweg begleitete uns hoch oben in den Ästen eine Meute grüner Meerkatzen, und mein Begleiter deutete immer wieder mit dem Ruf „Makako" zu den Affen. Er wollte, daß ich schieße und verstand nicht, daß ich mir die Pirsch am folgenden Tag nicht verderben wollte.

Drei Tage pirschte ich so ergebnislos. Ich hörte zwar Gorillas, fand frische Schlafnester, aber zu Gesicht bekam ich keinen. So beluden wir wieder beide Boote und ruderten weiter, um das über 40 Kilometer entfernte letzte Urwalddorf Lidjombo zu erreichen. Von dort sollte es nach Meinung meines Freundes Jaques leicht sein, Kontakt mit den Pygmäen zu bekommen. Das Gleiten mit der Strömung war wieder Erholung, und für meine Ruderer war es keine sonderliche Anstrengung. Wenn ich jedoch an die Rückfahrt dachte, bei der die starke Strömung von meinen „Kapitänen" alle Kraft abverlangen würde, bekam ich Bedenken.

Am frühen Nachmittag erreichten wir das Dorf. Das Wort Dorf ist übertrieben, denn es standen lediglich auf einer Uferböschung fünf alte Hütten, in denen es von Menschen wimmelte. Ich ließ daher mein Gepäckboot gar nicht entladen, wollte schon am nächsten Morgen weiterfahren, um Pygmäen zu suchen. Damit diese hörten, daß ein weißer Jäger in der Gegend war, schoß ich unmittelbar bei den Hütten zwei Colobus-Affen als Fleischration für die Schwarzen und ballerte noch einige Schüsse in die Baumwipfel.

Mit Erfolg. Denn als ich abends beim Feuer saß und vom „Petriheil" meiner Ruderer Steckerlfisch bereitete, standen wie aus dem Boden gezaubert plötzlich drei Pygmäen da. Scheu kamen sie näher. Als ich ihnen die Hand gab, grinsten die kleinen Kerle und hoben ihre Speere auf und nieder. Ich begann mit meinem bescheidenen Wortschatz in der Bambuti-Sprache die Verhandlung. Ich fragte nach ihrem Lager, dem „Mongolu", nach den Waldelefanten „Jag", nach Waldbüffeln „Mboko". Und ich fragte, ob sie mit mir einen wochenlangen Jagdzug, einen „Molongo", machen wollten. Grinsend nickten sie.

Am nächsten Morgen brachen wir zeitig auf. Drei meiner Ruderer nahm ich als Träger mit, und die kleinen Bambutis mußten auch einiges tragen. Rasch hatten sie aus Rindenhaut Bänder gefertigt, um damit die Lasten zu tragen. Dabei wurde das Band um die Stirn elegt, die Last faktisch mit dem Kopf getragen. Nach etwa vierstündigem Marsch, bei dem sehr viele Wildwechsel benutzt wurden, erreichten wir das „Mongolu", das Pygmäenlager. Es bestand aus sieben Kuppelhütten, die aus gebogenen Ästen und riesigen Blättern errichtet werden. Ein solches Lager wird nur wenige Wochen benutzt, bis die nähere und weitere Umgebung abgejagt ist. Die Pygmäen sind Wildbeuter, die als Nomaden durch den Urwald ziehen.

In einem viertausend Jahre alten Papyrus des ägyptischen Pharao Nefer Ka-Re werden die zentralafrikanischen Zwergvölker erstmals genannt. Man bezeichnet sie als „Gottestänzer aus dem Baumland". Die Bambuti und Babinga-Pygmäen gehören zu den urtümlichsten Volksgruppen unserer Erde, die auch heute noch nach althergebrachter Sitte leben. Da sie ihren Unterhalt durch die Jagd bestreiten, hat sich ihre religiöse Vorstellungswelt entsprechend entwickelt.

Im Vordergrund steht der Glaube an einen Hochgott, einen Wald- und Wildgott, der zugleich Gott aller Jäger und der Gemeinschaft ist. Er ist nicht sichtbar, nicht greifbar, wird aber von den Jägern immer wieder erfahren. Er gibt Zeichen, wenn Wild in der Nähe ist, Zeichen für den jagdlichen Erfolg. Nachts legen sich die Jäger einen Pfeil unter den Kopf, damit sie „Yenki" – so nennen sie ihren Gott – von erfolgreicher Jagd träumen läßt. Früh brechen sie dann auf, um den Traum zu erfüllen. Wenn sie ein Wild erlegt haben, wird ein Stück Herz und Leber in ein Kerunublatt gewickelt und als Opfergabe in eine Astgabel gelegt. Erlegen sie indes kein Wild, sehen sie darin eine Strafe. Sie finden sich zusammen und ziehen sich tief in den Urwald zurück, wo sie mehrere Nächte lang ihre monotonen Gesänge zum Himmel schicken. Mit unartikulierten Schreien rufen sie „Yenki". Dann legen sie auf einem freien Platz ihre Waffen zusammen und bringen ihm ein Blutopfer. Ein Huhn wird geschlachtet und das fließende Blut über die Waffen verspritzt. Auch die Arme werden damit eingeschmiert. Dann läßt man das zappelnde Huhn los und die Jäger ziehen in der Richtung zur Jagd, in die das Huhn flattert.

Für die jungen Burschen findet nach Erreichen der Pubertät die Jägerweihe statt. Sie wird unter Ausschluß der Frauen durchgeführt und ist mit geheimen Ritualen verbunden. Diese Weihe bedeutet die Aufnahme in den Kreis der Jäger und Erwachsenen, man könnte sie mit unserer Firmung oder Konfirmation vergleichen. Durch die Weihe gelangen die jungen Männer in den Besitz magischer Kräfte, die sie bei der Jagd benötigen.

Obwohl die Pygmäen im Gegensatz zu den Schwarzafrikanern keinen Häuptling haben, erkannte ich bald, daß ein besonders muskulöser kleiner Kerl das große Wort führte. Er war der „Mokjose", der Chef des Lagers. In langem Palaver machte er mir klar, daß in der Umgebung des jetzigen

Lagers viele „Ngi" – Gorillas – wären, zu denen er mich führen wolle. Die Jagd auf einen Gorilla war schließlich der Sinn meines Kommens, so gab es rasche Einigung. Ich schenkte ihm im voraus ein Buschmesser und zwei Jagddolche, um ihn für die Jagd anzuspornen. Nachdem er meine Gewehre ehrfurchtsvoll bestaunt hatte, zeigte er wiederholt auf diese und sagte immer wieder „Jandi", „Mvoko", „Makako" – Antilopen, Büffel, Affen. Das war eine wortreiche Aufforderung, gleich zu jagen, damit sie Fleisch hätten. Gerne war ich einverstanden, und mit ihm allein zog ich los. Nach kaum einer Stunde waren wir zurück, und ich konnte ein fettes Erdferkel, eine kleine Duckergazelle und zwei Affen zum Abendessen anbieten.

Bald loderten Feuer, und das frische Wildbret schmorte. Nach Einbruch der Dunkelheit formierten sich die Männer um eines der Feuer und begannen mit dem „Nganga". Dies war eine Art Gebetstanz, eine Bitte an den Wildgott Yenki, bei der Jagd am nächsten Tag zu helfen. Man tanzte im Kreis mit raschen Trampelschritten, rieb die Füße aneinander und begleitete dies mit Wechselgesängen und Schreien. Demnach müßte ich also Waidmannsheil bekommen.

Es war noch mondhelle Nacht, als ich mit dem Mokjose und einem zweiten Jäger loszog. Geräuschlos, wie Schatten bewegten sich die beiden, während bei mir alle Augenblicke ein Ast knackte. Kaum war es hell, stoppte mein Jagdführer und lauschte. Er hielt sich die Nase zu und gab merkwürdige Laute von sich. Ein eigenartiges Klatschen kam aus der Ferne. Damit begann die Jagd auf den größten Menschenaffen unserer Erde, den Gorilla.

Ein ausgewachsener Gorillamann wird bis 1,80 m groß und wiegt über zweihundert Kilogramm. Das Leben der Gorillas

185

in der Großfamilie ist sehr friedlich. Sie kennen weder Rivalitäts- noch Paarungskämpfe, wohl deshalb, weil in der Paarungszeit „Damenwahl" herrscht. Nach acht bis neun Monaten Tragezeit gebärt die Affenmutter ein Junges, das etwa 1 1/2 Jahre gestillt wird, obwohl es bereits mit drei Monaten weiche Pflanzenteile frißt. Mit rund sechs Jahren erreichen junge Gorillas die Geschlechtsreife und damit hört die Bindung an die Mutter auf.

Behutsam schob sich der Mokjose durch das Blätterdickicht, und ich hatte Mühe, ihn nicht aus den Augen zu verlieren. Zum Glück hatte ich den zweiten Begleiter dicht auf den Fersen, der mir durch Deuten half, ob ich links oder rechts weitergehen sollte. Nach etwa einer Stunde Zeitlupenpirsch fanden wir erste Schlafnester der Gorillas. Der Zahl nach mußten zur Familie etliche alte Tiere gehören. Denn nur die Alten schlafen auf dem Boden, die Jungen nächtigen in den Bäumen.

Das Unterholz wurde lichter, und man konnte endlich 10 bis 20 Meter weit sehen. Doch diese Freude war von kurzer Dauer. Bald türmte sich vor uns wieder eine Blätterwand auf. Deutlich hob sich ein großes dunkles Loch aus dem Pflanzenlabyrint ab. Das mußte der Einschlupf der Gorillas in das Dickicht sein. Wir zogen uns noch einige Schritte zurück, um hinter einem breiten Brettwurzelbaum Deckung zu nehmen. Von meinem Stand bis zum Einschlupf waren es etwa fünfzehn Meter. Mein Führer setzte sein „Finger-Nasen-Instrument" wieder in Bewegung und lauschte dann angestrengt.

Nach einer Weile bewegten sich Blätter der Pflanzenwand, und aus dem Loch schob sich ein riesiger Gorilla. Ich trat hinter dem Baum hervor, um schußbereit zu sein. Als er mich sah, erhob er sich auf die Hinterhand, riß Äste ab und warf sie hoch. Dann trommelte er mit beiden Händen auf seine Brust und stieß dabei Schreie aus, die schon an die Nerven gingen. Mein Herz schlug bis zum Hals angesichts dieses zornigen Riesen und menschenähnlichen Wesens, auf das ich schießen sollte. Plötzlich bückte er sich, schlug brüllend mit den Handflächen auf den Boden und reckte sich wieder hoch.

Ich wußte, daß dies vorerst nur Drohgesten waren, um mich als Gegner einzuschüchtern. Ich wußte aber auch, daß ein plötzlicher Angriff folgen würde, wenn er merkte, daß sein furchterregendes Gehabe, seine fürchterlichen Kampfrufe kein Zurückweichen des Feindes verursachten. Noch einmal wiederholte er in maßloser Wut seine Drohbewegungen. Als er sah, daß ich noch immer nicht flüchtete, riß er beide Arme hoch und kam brüllend auf mich zu.

Auf kaum zehn Meter gab ich ihm die Kugel. Er stürzte vornüber und lag still. Ich war innerhalb von Sekunden tropfnaßgeschwitzt, mein Puls jagte, als hätte ich einen Wettlauf beendet. Vor mir lag ein an den Menschen erinnernder Riese, eine geballte Kraft, die ich ausgelöscht hatte. Zum erstenmal in meinem langen Jägerleben hatte ich keine Freude am Waidmannsheil. Der Gorilla wurde wie jedes Wild aufgebrochen, Affenwildbret ist für die Pygmäen eine Delikatesse. Dann wurden unter meiner Anleitung und Überwachung alle Knochen und der Skelettschädel ausgelöst, alle Fleischteile sauber abgeschabt, schließlich alle Knochenteile dick mit Salz eingerieben und zu einem Bündel im Plastiksack verschnürt. Im Basislager wurden alle Teile kurz gekocht und dann zwei Tage in ein Konservierungsbad gelegt. Der Wissenschaft hatte ich wohl einen Dienst erwiesen – aber ich war traurig.

Der König mit der Mähne

Der junge Gepard, den mein Boy vor Wochen als Baby gefangen hatte, ließ mich schon nächtelang nicht schlafen. Er sah in mir gleichsam die Mutter und folgte mir, wohin ich auch ging. Sein Schlafplatz befand sich am Fußende meiner Luftmatratze. Trotzdem war er schon mehrere Nächte unruhig und voller Angst. Er kroch zu mir, leckte meine Hände und weckte mich immer wieder durch sein vogelähnliches Pfeifen. Der Grund seiner Angst konnten nur die Löwen sein, die nachts in unmittelbarer Nähe des Lagers grollten. Der kleine Kerl wurde erst ruhig, wenn ich ihn an mich zog und ihm den Leinenschlafsack überlegte.

Nachdem dieses liebevolle Wecken aber schon mehrere Nächte dauerte, ich müde und unausgeschlafen zur Pirsch gehen mußte, entschloß ich mich, die Löwen zu vergrämen, damit sie sich einen anderen Platz für ihr Stelldichein suchten. Es war noch Nacht, als ich mit zwei Trägern aufbrach, um die Löwen aufzuspüren. Ihr königliches Rufen, das sie in Abständen in die Tropennacht schickten, war für mich die beste Orientierung.

Beim Überqueren der kleinen Astbrücke über den Lagerbach leuchtete ich die Wasserfläche ab. Im Lichtkegel der Lampe leuchteten gelbe Augen auf, Krokodile, die vom nahen Fluß bis zum Lager kamen. Geräuschlos tauchten sie unter.

Neuerliches Brüllen korrigierte meine Marschrichtung. Der Wind stand gegen uns, so daß wir ohne besondere Vorsicht gehen konnten. Nach meiner Schätzung mußte sich die Löwengesellschaft in der Nähe der Salinen befinden, zu denen alltäglich das Wild zog, um den salzhaltigen Sand zu lecken.

Einer der Schwarzafrikaner schnalzte. Dies war das Zeichen, bei dem jeder sofort bewegungslos verharren mußte. Angestrengt suchte ich das Dunkel unserer Umgebung ab. Vor uns entdeckte ich den Grund für das Schnalzen. Fünf große Schatten bewegten sich lautlos zwischen den dünnstämmigen Bäumen. Es waren Dickhäuter auf dem Weg zur Schlecke. Wir verhielten, um den Abstand zu den Elefanten zu verringern. In dieser Ruhestellung merkte ich erst, daß mit uns allerlei Wild unterwegs war. Da und dort bewegten sich paarweise grüngelbe Punkte. Hyänen begleiteten uns in respektvollem Abstand. Seitwärts überholten uns mehrere Antilopen. In meinem Nachtglas erkannte ich Kuhantilopen mit einigen Kälbern.

Wir mochten eine halbe Stunde gegangen sein, als es hell wurde. Wie zur Begrüßung des anbrechenden Tages verstärkte sich das Löwengebrüll, das aus einigen hundert Meter Entfernung kam. Wie meistens bei Sonnenaufgang, drehte der Wind und wir mußten eiligst nach Süden ausweichen, sollten die Löwen nicht unsere Wittrung bekommen. Dieses Ausweichen war nicht erfreulich. Wir mußten riesige Steinfelder überqueren, die mit niederständigem Dornbusch gespickt waren. Anschließend umgingen wir einen schmalen Bambuswald, aus dem ganze Schwärme Tsetse-Fliegen kamen und uns überfielen. Bevor ich das Moskitonetz über den Kopf gezogen hatte, war ich bereits mehrfach gestochen. Mein Morgengebet konnte daher nur aus urbayerischen Flüchen bestehen.

Das Löwengebrüll war verstummt. Dafür kam uns ein Rudel Wasserböcke entgegen, das wie die Feuerwehr vorbeiraste. Die Ursache war unschwer zu erraten. Die Löwen hatten sich einen Wasserbock zum Frühstück geholt und das Rudel flüchtete in Todesangst. Langsam näherten wir uns den Salzstellen, und es galt Augen und Ohren offenzuhalten. Wenn der schüttere Busch einen weiten Blick zuließ, sah man den gelben salzhaltigen Sand.

Und schon entdeckte ich eine Löwin, die sich beinahe auf dem Bauch kriechend anschlich. Wenn sie verhielt und den massigen Schädel hob, ließ sie unruhig ihre Rute kreisen. Anscheinend war die Jagd auf Wasserböcke doch nicht erfolgreich verlaufen.

Die Situation war ärgerlich. Mein Vorhaben hatte den männlichen Löwen gegolten, die mit ihren Stimmen jede Nacht störten. Ihnen wollte ich die Freude am „Nachtgesang" verderben und sie mit etlichen Luftschüssen aus geringer Entfernung vergrämen. Statt dessen traf ich auf eine pirschende Löwin, deren Gemahl sicher in der Nähe als Treiber tätig war. Wenn dazu noch irgendwo das Jungvolk wartend lagerte, war mein Unternehmen vergeblich. Denn in der Nähe führender Löwinnen Schreckschüsse abzugeben, war umöglich. Sie könnten einen Angriff auslösen, der zum Abschuß zwingen würde.

Während ich die anschleichende Löwin beobachtete, gab Ballasida das Schnalzzeichen. Zu ihm sehend, erschrak ich. Kaum zwanzig Schritte vor ihm stand eine Büffelkuh und äugte mit gesenktem Träger. Sie hatte beim Beobachten der Löwin Ballasida entdeckt, und nun galt ihr Interesse nur noch diesem. Die Kuh hatte ein enorm starkes, weit ausladendes Gehörn. Ihre graue Stirn ließ auf ein hohes Alter schließen. Die Lage für Ballasida war gefährlich, darum mußte ich die Beobachtung der Löwin aufgeben und dafür die Büffelkuh im Auge behalten. Wenn diese alte Dame nervös würde, wäre meine Büchse die einzige Rettung für Ballasida.

Er hockte bei einem niedrigen Strauch, hatte ringsum keinen Baum, auf den er hätte klettern können. Ballasida erkannte seine Situation sehr wohl, aber dank seiner guten Nerven und Erfahrung behielt er die Ruhe. Er wußte, daß er sich auf meinen Schuß verlassen konnte, denn wir hatten in all den Jahren gemeinsam viele gefährliche Situationen gemeistert. Als er sah, daß ich meine Büchse entsicherte und halb in Anschlag brachte, grinste er.

Die Büffelkuh schüttelte blasend ihren mächtigen Schädel, drehte ihn in Richtung Löwin, starrte aber dann sofort wieder zu Ballasida. So wiederholte sich das mehrmals, bis vom Hang, auf dem bis vor Sekunden die Löwin war, der Todesschrei einer Antilope und ein wütendes Fauchen kam. Die Büffelkuh sprang herum, legte den Schädel weit nach hinten und sog die Luft ein. Jetzt galt ihre Aufmerksamkeit dem Geschehen hinter dem Abhang. Ballasida nutzte die Gelegenheit und kroch auf allen Vieren, schnell wie ein Wiesel, zu mir. Keuchend lag er zu meinen Füßen und grinste.

Die Büffelkuh drehte sich nochmals zum Gebüsch, dann ging sie neugierig zum Hang. Das war der neuerliche Beweis, daß Büffel keine Angst vor Löwen haben, wie es andererseits Löwen vermeiden, sich in einen Kampf mit Büffeln einzulassen, wenn diese erwachsen sind. Jungbüffel dagegen werden gerne von Löwen angegriffen. Die Büffelkuh mar-

Gelegentlich ruhen auch Löwen auf breiten Ästen in Bäumen.
Gewisse örtliche Löwenpopulationen tun dies mit Vorliebe.

schierte frech zum Hang, bis oben eine junge Löwin erschien
und die Lefzen hochzog. Damit wollte sie sagen, daß beim
Frühstück keine Zuschauer erwünscht sind. Die Büffelkuh
verstand, machte einen weiten Bogen, gab aber ihre Neugierde nicht auf. Bald mußte sie sehen, was sich hinter dem
Hang abspielte.

Das war für uns die beste Möglickeit, näher an die Löwen
heranzukommen. Während sich die junge Löwin auf dem
Böschungsrand und die Büffelkuh im Auge behielten, krochen wir, jede Deckung nützend, zum Hang. Dann lag ich
am Böschungsrand. Der sich bietende Anblick ließ mein
Herz schneller schlagen. Etwa 80 Meter entfernt stand ein
kapitaler Mähnenlöwe. Neben ihm lag eine Löwin und
zerrte an den Resten einer Antilope. Herr Löwe war also
schon gesättigt, und nun durfte seine bessere Hälfte den

Rest verzehren. Die Junglöwin, der Sprößling dieses königlichen Pares, war nach wie vor nur am Büffel interessiert. Sie sah unverwandt zur Büffelkuh, die ihrerseits in größerer Entfernung ihre Neugierde befriedigte. Auch der Mähnenlöwe sah zum Büffel und peitschte knurrend mit der Rute. Ihm paßte die Störung des Frühstücks gar nicht.

Mir war diese Ablenkung recht, konnte ich doch in Ruhe beobachten und fotografieren. Ich war gut gedeckt, eine Menge dichter Äste eines Kriechbaumes vor mir ließen beste Sicht zu den Löwen frei. Der Mähnenlöwe äugte ringsum, verhielt jedoch länger, wenn er in unsere Richtung sah. Als die Löwin aufsprang und mit entblößten Zähnen umhersah, war mir klar, daß der Wind küselte und ab und zu einen Hauch unserer Wittrung zum königlichen Paar brachte. Jetzt war Zeit zu verschwinden.

Die Löwin ging den Hang hoch und näherte sich der Büffelkuh, die mit gespreizten Vorderläufen und gesenktem Haupt dastand. Da wurde der gegenseitige Respekt deutlich. Im selben Maß, wie die Büffelkuh rückwärts marschierte, folgte die Löwin. Ein Näherkommen war auf beiden Seiten unerwünscht. Der Scheinangriff wurde wohl langweilig, die Löwin sprang herum und begab sich in Fluchten zu ihrem Gemahl. Dieser empfing sie mit schüttelnder Mähne, rieb seine Schulter an der ihren und begleitete sie bis zum dichten Busch. Als Kavalier ließ er ihr beim Einschlupf den Vortritt, sah sich als Beschützer nochmals nach allen Seiten um und folgte knurrend seiner Angetrauten. Diesmal war sein Verhalten königlich.

Schauri Jamungu

Zwei Wochen war ich bereits in Freetown, der Hauptstadt von Sierra Leone. Ich wohnte im feudalen Hotel am Strand und aalte mich in der warmen Brandung des Atlantik. Dies war eine Art Zwangsurlaub, weil ich auf einen Engländer mit einem Landrover warten mußte. Der Zweck meines Daseins bezog sich auf Großwildjagd. Ich sollte die Wilddichte einzelner Gebiete testen und bei positivem Ergebnis Großwildjagd wie in Zentralafrika organisieren und leiten. Die Regierung war an diesem „Devisenbringer" interessiert.

Endlich war es soweit. Ein junger Engländer, der in Kenya geboren und dort etliche Jahre als Hilfsjagdführer tätig gewesen war, sollte mich in die Gebiete fahren, die es zu testen galt. Mir war bekannt, daß Sierra Leone das Land der Schimpansen und Bongo-Antilopen war, ob aber auch anderes Großwild in entsprechender Menge vorhanden war, wußte niemand.

So fuhren wir von Freetown auf einer sehr guten Straße nach Makeni, einem Ort, der inmitten von Palmwäldern und Reispflanzungen liegt, und dessen Sehenswürdigkeit eine riesige Moschee ist. Von dort ging es auf einer halbsbrecherischen Piste in unübersehbare Wälder. Immer wieder mußten wir brückenlose Bäche überqueren, und ich betätigte mich als Lotse, oft bis zum Bauch im Wasser watend. Dann

194

erreichten wir Karasa, ein im Bau befindliches Jagdlager. Hier war die Piste zu Ende. Das Lager war wunderschön am Fluß Mongo angelegt und sollte der zentrale Punkt für die Großwildjagd werden.

Als die Sonne sank, entdeckte ich auf einer Felsrippe am Fluß fünf Schimpansen, und als flußabwärts die Brummbässe von Flußpferden zu uns klangen, war ich voller Hoffnung. Am folgenden Tag zogen wir mit zwei Trägern, die im Lager arbeiteten, los. Der junge Engländer sagte mir, daß wir in einem kleinen Dorf am anderen Flußufer noch einen landeskundigen Fährtensucher mitnehmen würden. Am anderen Ufer – das klang ganz einfach – aber . . . bis zur Brust im Wasser überquerten wir den etwa 50 Meter breiten Fluß. Und als wir das andere Ufer erreichten und knapp vor uns zwei riesige Krokodile ins Wasser rutschten, wußte ich, wie einfach das hier war.

Der Landeskundige war bald gefunden. Aber wie staunte ich, als er mit einem selbstgebastelten Gewehr erschien! Der Lauf war ein fast zwei Meter langes Wasserrohr, das Schloß mit einem Hahn ein Zündnadel-Modell. Als ich diesen Vorderlader sah und sein Besitzer Zielübungen damit machte, mußte ich hellauf lachen. Aber das war wohl falsch, denn der Mann war beleidigt und spuckte mir glatt vor die Füße. Der Engländer erklärte mir, daß diese Art Gewehre in vielen Orten zu finden seien und es immer wieder damit zu den tollsten Unfällen komme.

Nun ging es bergauf, bergab, durch Sümpfe und Pflanzenlabyrinthe. Der Wald bekam Urwaldcharakter. Wenn wir im Dickicht nicht mehr weiterkamen, stieg unser Führer in den nächsten Bach, und wir marschierten plantschend drauflos. Stundenlang waren wir schon unterwegs, aber ich hatte außer Papageien und anderen Vögeln kein Stück Wild gesehen. Die Nacht verbrachten wir auf einer kleinen Anhöhe auf einem weichen Graspolster. Über uns ein klarer Sternhimmel – aber keinerlei Tierlaute. Hier war nichts von dem sonst üblichen Jagen und Gejagtwerden zu hören.

Die folgenden Tage verliefen ähnlich, und außer dem Schalenabdruck eines Bongo hatten wir nichts gesehen. Affen aller Art gab es in Mengen. Dann erreichten wir eine Hochebene mit Buschwald und endlich konnte man weit sehen. Unser „Führer" sagte, daß wir nun an der Grenze von Guinea wären, wo es viel Wild gäbe. Aber wieder nur stundenlange Pirsch ohne Wildberührung. Doch dann – unser Fährtensucher gab aufgeregt Zeichen, daß wir uns niederhocken sollten, während er sich, gebückt laufend, entfernte. Ich suchte mit dem Glas rundum, aber nichts war zu entdecken.

Da krachte es in der Nähe ganz fürchterlich. Meine 9,3 x 64 hat zwar auch eine laute Stimme, aber dieser Schuß klang, als ob in einem Steinbruch gesprengt würde. Wir setzten uns in Richtung Schuß in Bewegung, und bald sahen wir uns entsetzt an. Unser „Führer" saß im Gras, ringsum lagen Reste seines Gewehres, und vom Blutklumpen seiner rechten Hand fehlten drei Finger. Sein Vorderlader war nach hinten losgegangen. Während ich mein Verbandszeug herauskramte, sah uns der Unglücksrabe lächelnd an und sagte immer wieder „Schauri Jamungu" – Wille Gottes.

Nachdem ich ihn verbunden hatte, wollte ich die sinnlose Pirsch abbrechen und den Rückweg antreten. Aber da hatte ich mich in unserem „Führer" getäuscht. Er war sofort wieder beleidigt und erklärte, daß wir noch drei Tage die Grenze Guineas entlang pirschen würden, weil es hier Büffel gäbe. Am folgenden Tag streckte ich eine kleine Ducker-

196

Gazelle und brachte so Abwechslung in unseren etwas eintönigen Speisezettel.

Und dann, welche Überraschung! In größeren Abständen fanden wir Büffellosung. Nach den Trittsiegeln zu schließen, mochten es sechs bis acht Tiere sein. Kleine Bäche und Sümpfe zeigten auf, daß wir das Quellgebiet des Niger erreicht hatten. Weite Gebiete waren mit hohem Schilf bedeckt, und ich hoffte, daß wir bald Suhlen der Büffel finden würden. Beim Eindringen in das hohe Schilf hörte ich plötzlich vor mir lautes Plantschen, nur wenige Meter vor mir. Aber ich stand inmitten hohen Schilfes und konnte nichts sehen. Vorsichtig nahm ich meinen „Puh-Beutel" und prüfte den Wind. Ich erschrak nicht schlecht, denn der zog schräg von mir weg. Da stand ich nun bis zum Knie im Schlamm, hielt hilflos meine Büchse nach vorne.

Auf einmal vor mir ein Klatschen und Brechen und schon flog mir ein großer Brocken Schlamm ins Gesicht. Ich sah nichts mehr, hockte mich nur instinktiv in den Schlammbrei. Das Brechen entfernte sich, und während ich mir den Schlamm aus Augen und Gesicht wischte, tauchten die beiden anderen auf. Ich hatte einen Büffel in der Suhle gestört, der flüchtend abging, als er auf wenige Meter von mir Wind bekam. Dabei hatte er mir einen Klumpen Schlamm ins Gesicht geschleudert. Der „Führer" sah mich lächelnd an und sagte tröstend „Schauri Jamungu" – Wille Gottes.

Was ich da auf der Zunge hatte, war kein Gebet!

Die Jagd der Eingeborenen

Wenn man von der Jagd der Eingeborenen spricht, muß man sich klar sein, daß der Begriff und Inhalt dieses Wortes, wie wir es verstehen, hier in keiner Weise zutrifft. Der Eingeborene jagt, weil er Hunger hat. Er macht daher auf alles, was sich auf der Erde, im Wasser und in der Luft bewegt, Jagd. Er kennt die Beziehung nicht, wie sie bei uns im Verhalten zum Wild geprägt ist. Darum greift er mit allen Mitteln das Wild an, ohne Rücksicht darauf, ob es sich um ein Jungtier, ein weibliches Wild oder um ein tragendes Tier handelt. Alleiniges Ziel seines Tuns ist Fleisch.

Bei den Eingeborenen im Busch, in der Savanne und im Regenwald müssen die Frauen ohnehin alle Arbeiten verrichten, deshalb besteht bei den Männern die „Arbeit" im Jagen. Da sie keine Schußwaffen besitzen dürfen, sich solche auch gar nicht kaufen könnten, jagen sie in althergebrachter Weise mit Speer, Pfeil und Bogen, dazu mit Fallen verschiedenster Art. Im Gebrauch dieser Waffen sind sie Meister. Außerdem besitzen sie auf Grund ihrer Lebensweise Eigenschaften, die wir bei uns nur bei hervorragend abgeführten Jagdhunden finden. Im Suchen, Finden und Halten von Fährten sind sie durch keinen Jagdhund zu übertreffen. Deshalb erübrigt sich bei der Jagd in Afrika die Verwendung von Jagdhunden.

Die Eingeborenen betreiben meist Einzeljagd, nur zu Beginn der Trockenzeit führen sie Gruppenjagden durch. Das sind Treibjagden, bei denen in Trapezform grobmaschige Netze aufgestellt werden, wobei die Breitseite des Trapezes offen bleibt. Dort beginnt dann eine Art Drückjagd aller bewaffneten Männer. Das Wild flüchtet und verfängt sich in den Netzen. Was dann geschieht, ist brutales Schlachten. Im Savannengebiet werden die Netze je nach Windrichtung aufgestellt; das Drücken besorgen nicht die Jäger, sondern es wird ein frontales Feuer angelegt. Die Brutalität dieser „Treibjagd" bedarf keiner Beschreibung.

Im Fallenstellen sind die Eingeborenen sehr geschickt, zumal sie die Verhaltensweisen der einzelnen Wildarten bestens kennen. Während sie Flußpferde und Nashörner durch Anlegen von Fallgruben fangen, verwenden sie für Leoparden und Löwen Köder-Schlingen, Steinfallen und Gatterfallen. Bei Stein- und Gatterfallen werden lebende junge Ziegen als Köder benützt. Die Gatterfalle dient ausschließlich zum Lebendfang.

In einzelnen Gebieten wird Ansitzjagd auf Leoparden betrieben. Ist ein „Ruhebaum" entdeckt – kenntlich an den Krallenrissen in der Stammrinde –, hängt man einen Antilopenschlegel an den Ruheast. Auf Pfeilschußweite wird ein gut getarnter Schirm gebaut. Darin setzen sich zwei bis drei Jäger an, bevor es hell wird. Kommt der Leopard vom nächtlichen Streifzug zurück, baumt auf und nimmt den Köder an, schießen die Jäger im Schirm gleichzeitig mit vergifteten Pfeilen.

Büffel bejagen sie hauptsächlich bei den Suhlstellen. Sie klettern auf nahegelegene Bäume und beschießen den suhlenden Büffel mit Giftpfeilen.

Afrikaner sind sehr geschickte Fallen-
steller. Von links nach rechts:
Leoparden-Gatterfalle für den Lebendfang; eine Steinfalle und eine Schlingen-
falle für Leoparden.

Unten: Die Fetischhütte am Dorfrand;
sie darf nur vom Medizinmann
betreten werden.

Wildererjagd auf Elefanten betreiben sie in Gruppen. Dabei
nutzen sie die salzhaltigen Sandhänge, zu denen die Elefanten fast täglich ziehen. Sie setzen sich windgerecht an, und
wenn dann ein Elefant beim Saugen ist, beschießen ihn alle
gleichzeitig mit Giftpfeilen. Dann lassen sie den flüchtenden
Elefanten ziehen und folgen ihm. Sobald das Gift der vielen
Pfeile zu wirken beginnt, der Elefant endlich wankend ste-
henbleibt, schleudern sie ihre Speere in den Körper des Tieres. Da es den Eingeborenen beim Erwildern eines Elefanten um die Zähne, das Elfenbein, geht, verhalten sie sich in
bezug auf die Wahl ihres Opfers geradezu ungewollt waid-
männisch. Sie wählen für ihren „Abschuß" immer den stärksten Zahnträger. Junge Elefanten werden dadurch ver-
schont.

Während insgesamt die Jagd nur dem Wildbret, dem
„Fleisch", gilt und man das stärkste Antilopengehörn weg-
wirft, gilt die Jagd auf Elefanten den Zähnen, auf das Nashorn den beiden Hörnern, auf den Leoparden und Gepar-

den dem Edelfell. Denn diese Trophäen können sie für viel Geld im Schwarzhandel verkaufen. Trotz der Tatsache, daß die Eingeborenen Fleischjagd betreiben und zum Wild nicht die Beziehung haben wie wir, pflegen sie jagdliche Kulthandlungen. Doch dieses Zeremoniell wurzelt in ihrer Naturreligion und ist deshalb als religiöses Ritual anzusehen. Vor Beginn einer Jagd begeben sich die Jäger mit ihren Waffen zum Fetischbaum und zur Fetischhütte. Der Fetischbaum ist meist ein astreicher junger Baum, der mit Gehörnen und Skelettschädeln verschiedener Wildarten behangen ist. Den Gehörnen werden, wie allen Fetischen, okkulte Kräfte zugeschrieben. Zudem will man durch sie die Seelen der getöteten Tiere versöhnen. Der Jäger, der ein Wild erlegt hat, darf von dessen Fleisch nichts essen. Er muß aber die Trophäe der Beute an den Fetischbaum hängen. Bevor die Jäger ausziehen, berühren sie mit ihren Waffen die am Baum hängenden Trophäenfetische, um Jagdglück zu erbitten. Nach ihren Vorstellungen befinden sich die Seelen getöteten Wildes beim Waldgott.

Die Fetischhütte am Dorfrand ist eine Art Heiligtum. Sie besteht aus kreisförmig angeordneten großen Steinen, über die sich ein Strohdach auf Pfählen breitet. Im Innenraum liegen Büffelgehörne, Elefantenzähne, Löwenschädel und ähnliche Trophäen. Der Zugang ist mit Steinen begrenzt, die Hütte darf nur vom Medizinmann, der zugleich Fetischeur ist, betreten werden. Die Trophäen unter dem Strohdach stammen von Tieren, die einen Dorfbewohner getötet haben. Da man glaubt, daß die Seele eines von einem Tier getöteten in dieses Tier übergeht, muß man es töten, damit die Seele befreit wird. Wurde ein Dorfbewohner von einem Tier getötet und man hat den „Mörder" noch nicht durch die

Jagd erlegt, so wird auf das Fetischdach eine Stange mit einem weißen Lappen gesteckt. Sie ist die Mahnung, daß die Seele des Getöteten noch nicht befreit ist. Vor dem Auszug zur Jagd auf den „Mörder" wird bei der Fetischhütte ein Blutopfer gebracht. Meist wird eine Ziege geschlachtet, und die Jäger beträufeln mit dem warmen Blut ihre Waffen. Ist die Jagd erfolgreich und die „Seele befreit", findet ein großes Freudenfest statt. Dann dröhnen Tag und Nacht die hölzernen Schlitztrommeln, um die Nachbarn der umliegenden Dörfer einzuladen.

Der Mörder

Über 1 600 Kilometer war ich schon gefahren, seit ich meinen Wohnsitz Bangui, die Hauptstadt der Zentralafrikanischen Republik, verlassen hatte. Zweck dieser langen Reise war, die gesamte Grenze zum Kongo entlang des Oubangui-Flusses kennenzulernen, um dann im Dreiländereck Kongo – Zentralafrikan. Republik – Sudan das Gebiet jagdlich zu testen. Aus der Präfektur Obo-Zemio kamen immer wieder Nachrichten über den Abschuß von kapitalen Elefanten. Ab Bangassou, wo der Oubangui-Fluß plötzlich Mbomou heißt, hatte ich gute Piste. Auch die Wildbegegnungen wurden immer häufiger, denn hier war unberührter Busch und Regenwald. Es bedurfte kaum einer Pirsch, um mich mit frischem Wildbret zu versorgen. In Rafai begegnete ich einigen französischen Jägern, Leiter der Diamantenmine von Yalinga, die im Raum Zemio Elefanten gejagt hatten. Sie bestätigten die Elefantenberichte, die in Bangui im Umlauf waren.

In Zemio verließ ich die gute Piste und fuhr nordwärts Richtung Djema. Sehr bald sollte ich diesen Beschluß bereuen, denn immer wieder lagen von Elefanten umgestürzte Bäume quer über den Weg, der nur noch aus Gräben und Löchern bestand. Mehrmals mußte ich mit meinem afrikanischen Begleiter die Motorsäge einsetzen, um die Hindernisse umfahren zu können. So brauchte ich für die rund 150-Kilometer-Strecke zwei Tage. Dann endlich erreichte ich Djema. Das armselige Dorf bestand aus etwa zehn

Rundhütten und lag nahe der Südspitze des großen Wildreservats Zemongo.

Die gesamte Dorfbevölkerung rannte zur Begrüßung zusammen, denn hierher verirrten sich nur Großwildjäger. Der Häuptling, ein noch junger Mann, schien sein Dorf in Zucht und Ordnung zu führen. Denn als ich von dem nackten Volk völlig eingekeilt war, gab er ein kurzes Kommando, und alle verschwanden in ihren Hütten. Nachdem ich mit dem Häuptling einige Dosen Münchner Bier geleert hatte, sah ich mich im Dorf etwas um. Das ist überall meine erste Tätigkeit, sie gilt dem Auffinden von Gegenständen für meine ethnologische Sammlung.

Mir fielen sogleich die vielen Gehörne auf, die bei jeder Hütte lagen, darunter beachtliche Schilde von Büffeln. Ein großer Jagdfetisch gab mir die Gewißheit, daß das Dorf keine Fleischsorgen hatte, daß das nahe Wildreservat zur mühelosen Jagd verführte. Gespräche mit dem jungen Häuptling ergaben denn auch, daß ringsum sehr viel Wild anzutreffen sei, vor allem ,,kota ngba und kota dole" – große Büffel und große Elefanten. Er empfahl mir auch gleich, unbedingt entlang des Goangoa-Flusses zu jagen, der die Ostgrenze des Reservats bildet. Als ich ihm sagte, daß ein weißer Jäger dies grundsätzlich nicht tut, weil eine Reservatsgrenze ja keine Linie ist, sondern sich das im Reservat geschützte Wild auch einen oder zwei Kilometer über die Grenze bewegt, schüttelte er nur ungläubig den Kopf. Dessen ungeachtet wollte ich mir am nächsten Morgen das Grenzgebiet entlang der 100 Kilometer langen Grenze des Reservats ansehen.

Es war gerade Sonnenaufgang, als ich mit zwei Burschen des Dorfes loszog. Nach zehn Kilometern hatten wir die Südspitze des Reservats erreicht und konnten ohne Schwierigkeiten marschieren. Ich sage marschieren, denn ich wollte ja nicht jagen, sondern die Wilddichte feststellen. Entlang des Flusses gab es richtige Wild-Trampelpfade, denn alles Wild – im Reservat wie im freien Jagdgebiet – zog hier zum Wasser. So hatte ich laufend Anblick auf Gazellen, Antilopen, Flußpferde und Affen, die im Galeriewald herumturnten. Und dann die ersten Dickhäuter. Ich zählte elf Elefanten, die sich gerade aus einer Suhle zurückzogen. Darunter ein starker Zahnträger. Als die Sonne sank, waren wir wieder im Dorf. Der Häuptling hatte nicht zuviel gesagt, und als ich ihm das bestätigte, war er ganz stolz.

Zum Abendessen war ich Gast des Dorfes. Man hatte am Nachmittag mit Pfeilen und Speeren einen Büffel erlegt, und auf Holzrosten schmorte das Wildbret; für mich hatte der Häuptling die Leber backen lassen. Bevor ich schlafen ging, zeigte mir der Häuptling noch die große „ngo di asango", die große Trommel. Sie wird während der Nacht etwa alle fünf Minuten geschlagen, um die Elefanten von der Bananenpflanzung abzuhalten.

Als ich wieder im Freien unter meinem Netz lag und die Feuer vor den Hütten langsam erloschen, dröhnte erstmals die „Tam-Tam". Mich hob es fast aus der Liege, so laut war der Schlag. Und nach einer Stunde war mir klar, daß ich bei diesem Krach nicht schlafen konnte, während mein Boy wie in Ohnmacht lag. Ich weckte ihn, wir packten die Liege in den Wagen, und dann fuhren wir ein Stück vom Dorf weg. Die Trommel tönte zwar immer noch dumpf zu uns, aber ich schlief ein.

Am folgenden Tag fuhr ich in die freie Wildbahn nach Osten. Ich ging auf Fährtensuche, um Büffel und Elefanten zu bestätigen. Bis gegen Mittag hatten wir auch viele Fährten gefunden. Als wir, von der Hitze ziemlich ermüdet, wieder beim Fahrzeug waren, entschloß ich mich, in das nahegelegene Dorf Paratio zu fahren und dort eine Pause einzulegen. Nach kurzem Besuch beim Häuptling legte ich mich in ein schattiges Plätzchen und war bald im Reich der Träume.

Doch meine Siesta dauerte nicht lange. Ein großes Geschrei weckte mich. Als ich aufsprang, sah ich die Dorfbewohner zu einer ankommenden Gruppe laufen, die etwas auf einer Stangentrage schleppte. Ich zwängte mich durch die schreiende Menschenmasse, und dann stand ich vor den Ankommenden, die gerade ihre Last absetzten. Erschüttert sah ich auf einen toten Burschen, dessen Brust und Hals aufgerissen waren. Aus dem erregten Palaver erfuhr ich, daß drei Männer zur Büffeljagd ausgezogen waren. Unweit des Dorfes trafen sie auf einen „Solitair", einen einzelnen Büffel. Gleichzeitig jagten die drei ihre Pfeile in den Halsansatz des Büffels. Statt zu stürzen, war er auf sie losgerannt und hatte einen mit den Hörnern hochgeschleudert. Die beiden anderen flüchteten auf einen Baum und mußten zusehen, wie der angeschossene Büffel den am Boden Liegenden mehrfach mit den Hörnern bearbeitete. Als der Büffel abgezogen war, hatten sie eine Trage gebaut und den Toten nun hergetragen. Dabei waren sie aus Angst vor dem Büffel mit der Last dauernd gelaufen. Der Tote war gräßlich zugerichtet.

Als wir abends am Feuer saßen und die beiden Büffeljäger immer wieder ihr furchtbares Erlebnis schilderten, wußte ich, was sie mit ihren dauernden Wiederholungen erreichen wollten. Für sie war es selbstverständliche Pflicht aller, dieses Wild zu töten, damit die Seele ihres Kameraden frei würde. Ich beendete daher das lange Palaver und bestimmte, daß die beiden mich zum Ort des Unglücks führen sollten, sobald es hell würde.

Der Vogellärm des beginnenden Tages weckte mich. Die beiden Büffeljäger warteten bereits auf mich. Nach einem Schnellimbiß zogen wir zu dritt los. Ängstlich schauten die beiden immer wieder auf mich, denn das Erlebte saß ihnen noch in den Knochen. Etwa nach drei Kilometern hatten wir den Schauplatz erreicht. Verdattert blieben die zwei bei dem Baum zurück, auf den sie tags zuvor geflüchtet waren. Der Platz, wo der Bursche den Tod gefunden hatte, war unschwer zu erkennen. Zugleich erkannte ich aber auch, daß von diesem Platz weg tief eingedrückte Trittsiegel des Büffels führten. Und in Abständen war an Blättern und Gräsern dunkler Schweiß zu erkennen. Ich winkte den beiden und erklärte, daß wir dem Büffel folgen würden. Da erhellten sich ihre Gesichter, und eifrig folgten sie der Fährte. Immer wieder konnten wir Schweiß feststellen, aber der Bulle war ohne Halt gezogen. Endlich ein Wundbett im Gras. Hier war auch zu sehen, daß er viel Schweiß verlor. Die drei Pfeile im Halsansatz zeigten doch ihre Wirkung.

Wir pirschten weiter und konnten mühelos die Fährte halten. Doch dann – vor uns Losung – feucht und warm, Alarmstufe eins. Ehe ich noch etwas andeuten konnte, kletterten meine beiden Begleiter auf einen Baum. Sie hatten von der Büffeljagd genug. Mir war das recht, konnten sie doch von hoch oben Ausschau halten, und ich mußte mich nicht um ihre Sicherheit sorgen. Mit Deutungen konnte ich den beiden wortlos ihre Aufgabe zuweisen. So kletterten sie immer höher, nach allen Richtungen suchend. Nach einer Weile gaben sie mir Zeichen, daß sie den Büffel sähen. Einer kletterte herab und flüsterte mir zu, daß sich der Büffel in einem Baumschatten niedergetan habe, daß es „ihr" Büffel sei, denn sie konnten die im Hals steckenden Pfeile erkennen. Er gab mir noch die Richtung an, dann baumte er wieder auf.

Ich prüfte den Wind, entsicherte meine Büchse und bewegte mich in Zeitlupe in der angegebenen Richtung. Es gab nur kleines Buschwerk zwischen riesigen Weißholzbäumen, so daß ich einigermaßen gute Sicht hatte. Dann erreichte ich den Rand einer kleinen buschfreien Fläche, die nur mit mageren Grasbüscheln bedeckt war. Mit dem Fernglas suchte ich den gegenüberliegenden Buschrand ab.

Da sah ich ihn! Ein kohlschwarzer Bulle. Er lag nicht mehr, sondern stand spitz, genau zu mir äugend. Auf der freien Fläche hatte wohl der Wind geküselt, so daß er meine Annäherung gemerkt hatte. Unruhig warf er den Träger mit einem sehr starken Schild nach oben, und mit einem Vorderlauf schlug er zornig in die Erde, daß die Grasklumpen flogen. Dann marschierte er mit zurückgelegtem Träger wie im Stechschritt los. Sein Windfang wippte auf und ab. Ich wollte mit dem Schuß warten, bis er aus dem Schatten trat, um über Kimme und Korn gutes Licht zu haben. Doch da galoppierte er schon auf die freie Fläche. Schnell war ich im Anschlag und schoß auf den Stich. Er tat einen mächtigen Satz, begann zu taumeln und sackte zusammen. Noch ein kurzes Schlegeln mit den Hinterläufen, dann lag er still.

Ich wartete, bis meine Baumkletterer kamen. Sie warfen sofort mit Steinen nach dem Büffel, um sich von seinem Ende zu überzeugen. Dann zogen sie die abgebrochenen Pfeile aus dem Hals des Tieres und zeichneten damit merkwürdige Figuren in den Sand. Schließlich hoben sie ihre Speere und stießen sie mit einem zornigen Schrei dem toten Büffel in die Seite. Ich sah all dem wortlos zu. Wußte ich doch, daß sie nun überzeugt waren, die Seele des getöteten Freundes mit erlöst zu haben. Sie hatten getan, was ihr Stamm wünschte: „Nguia ti be ti lo" – das Glück seiner Seele.

Der „Eiserne"

Ohne Unterbrechung war ich nun 1 320 Kilometer von Bangui aus nach Osten gefahren, um an der Grenze des Sudan Elefanten zu jagen. In Fort Sibut, Bambari, Kembe, Bangassou begrüßte ich nur kurz die Häuptlinge, alte Freunde, die nun von der Regierung zu sogenannten „Bürgermeistern" gemacht waren. Seit man ein souveräner Staat war, eine Hymne, eine Tricolore hatte, war der Begriff Häuptling nicht mehr fein genug. Der Häuptling, der gar nicht lesen und schreiben konnte, erhielt an die Brust ein großes Abzeichen mit der Aufschrift „Chef de village". Meine alten schwarzen Freunde zeigten nun auch als erstes auf ihre neue Würde und lachten entsprechend. Für sie hatte sich seit der Befreiung des Landes von der französischen Kolonialherrschaft gar nichts geändert. Zu weit war die Hauptstadt entfernt, zu schlecht waren die Wege zu diesen Orten.

In Obo, nur hundert Kilometer von der Sudangrenze entfernt, nahm ich Quartier. Hier war gleichsam einer meiner „heimatlichen Orte", denn vor Jahren wurde ich hier in den Stamm der Zande aufgenommen. Obo war das östlichste Zentrum des Obo-Zemio-Distriktes. Bis hierher hatte keine der über 800 katholischen Missions-Stationen den Weg gefunden; die Menschen gehörten zu den 71 % der Bevölkerung des Landes, die noch nicht christianisiert waren. Deshalb hatte ich jedes Jahr viele Wochen hier verbracht, um die Rituale und Kulthandlungen zu erfassen. Aber nicht nur deshalb. Einer der Gründe war auch die Tatsache, daß es hier die kapitalsten Elefanten Zentralafrikas gab. Jedes Jahr, zum Ende der Regenzeit, überquerten Hunderte von Dickhäutern den Mbomou-Fluß, der die Grenze zum Kongo-Kinshasa bildet. Sie zogen nach Norden zu den Salinen.

Kaum hatte ich mich in „meiner" Hütte, die während meiner oft mehrmonatigen Anwesenheit sauber gepflegt wurde, eingerichtet, war ich auch schon von meinen bewährten Fährtensuchern umringt. Und sogleich wiederholten sich die Worte „kota dole" und „kota pembe ti dole", großer Elefant und große Stoßzähne. Und dann wurde mir lang und breit von einem „kota dole ta ti wen" einem „eisernen Elefanten" erzählt. Dies sollte ein alter Bulle, ein Einzelgänger, sein, der schon dreimal von Jägern des Ortes mit Giftpfeilen beschossen wurde, ohne daß er fiel. Der zudem schon zweimal von einem französischen Jagdführer beschossen wurde und trotzdem das Weite suchte. Und ohne mich zu Wort kommen zu lassen, beschlossen die Burschen einfach, daß ich mit ihnen den „Eisernen" bejagen und erlegen müsse.

Mir sollte das recht sein. Aus der weiteren Unterhaltung erfuhr ich dann, daß der „Eiserne" ein Sudanese sei. Das heißt, er sei tagsüber drüben im Sudan und käme nachts herüber zum Fluß Mbokou, um dort zu baden und zu suhlen. Sobald es früh grau würde, zöge er im Eiltempo wieder ins Nachbarland. Diese Schilderung glich eigenem Erleben; denn obgleich das afrikanische Großwild keinen Dauereinstand und keine festen Wechsel kennt, kann man öfter feststellen, daß einzelnes Wild sich länger in begrenzten Gebieten aufhält und dort auch richtige Wechsel hält. Dieses Verhalten indes hängt damit zusammen, daß das Wild längere Zeit ganz bestimmte Salz- oder Suhlstellen aufsucht. So hatte ich in meinem eigentlichen Revier im Norden des Landes große Salinen, wo sich Woche um Woche die gleichen jungen Dickhäuter zum Salzlecken einfanden. Sie waren denn auch sichere Fotoobjekte für meine Jagdgäste.

Von der langen Autofahrt war ich rechtschaffen müde und entschloß mich, erst einmal zwei bis drei Tage auszuruhen. Meine schwarzen Freunde waren davon nicht begeistert, denn sie lockte das Fleisch eines Sechstonners. Die Verschnaufpause kam auch meinem Fahrzeug zugute. Ich mußte den Motor zerlegen und reinigen und Stoßdämpfer austauschen. Diese Dinger überstehen in Afrika kaum mehr als tausend Kilometer.

Ausgeruht zog ich am vierten Tag mit einigen Fährtensuchern los. Wir waren schon bei der Dunkelheit aufgebrochen, um bei Tagesanbruch am Fluß zu sein. Als wir den Zusammenfluß des Mbokou mit drei kleineren Flüssen erreichten, kündete im Osten ein rosa Band den anbrechenden Tag. Die Dämmerung währt hier nur kurze Zeit, und das Farbenspiel des Himmels bei aufgehender Sonne ist bezaubernd. Mitten in meine Bewunderung hinein erklang das Schnalzen eines meiner Begleiter. Er deutete zum Steilufer des Zusammenflusses. Und da sah ich sofort einen massigen Elefanten, der gerade den seichten Fluß durchquerte. ,,Dole ta ti wen'' – der Eiserne – keuchte ein anderer Fährtensucher. Da war er also – aber für mich zu spät. Im Glas erkannte ich nur wenig gebogene, sehr starke Zähne. Als der Bulle den Gegenhang hinaufstieg, hatte ich den Eindruck, als hinkte er leicht mit der rechten Vordersäule. Rasch war er im dichten Busch verschwunden.

Ich entschloß mich, bis zum Vormittag zu pirschen, ohne zu schießen. Mein Ziel war der ,,Eiserne'', und da durfte im

Ein Elefant bricht durch den Busch und taucht plötzlich auf.
Alarmstufe I – Angriff!

Umkreis der Flüsse kein Schuß fallen. Wir zogen Richtung
Westen weiter. Im Stillen wünschte ich, keinen Wildanblick
zu bekommen. Man muß sich sehr zusammennehmen, wenn
man plötzlich vor einem starken Wild steht, und das „führe
mich nicht in Versuchung" überwinden, wenn man ein bestimmtes Ziel-Wild nicht vergrämen will. Als ich von meiner
Waffe überhaupt keinen Gebrauch machte, wurden die
Mienen meiner Begleiter allmählich finster. Sie wollten ja
mit Fleisch zurückkommen. Endlich, nachdem wir die Piste
nach Bande überquert hatten, erklärte ich, daß wir nun ja-

gen könnten. Das elektrisierte die Burschen, und wie Jagd-
hunde schwärmten sie aus. Bald stöberten sie eine Rotte
Warzenschweine auf, die polternd im Dickicht verschwand,
bald setzte sich ein Sprung Gazellen ab. Als wir im Schatten
einer Gruppe Schirmakazien verhielten, warfen sich meine
Begleiter wie auf Kommando zu Boden. Auch ich ging in die
Hocke und entdeckte sogleich eine starke Riesen-Elenanti-
lope. Sie hatte ein gut gedrehtes, weit ausgelegtes Gehörn
und äste hoch aufgerichtet Blätter eines Baumes. Durch
Bäume gedeckt, pirschte ich mich näher heran, und auf etwa
80 Gänge gab ich ihr die Kugel. Jetzt strahlten meine Begleiter, denn nun war für sie die fleischlose Zeit zu Ende.

Am nächsten Morgen brachen wir wieder bei Dunkelheit
auf. Da ich den Anmarsch zum Fluß kannte, kamen wir rascher voran als am Vortag. Zudem wollte ich noch im Dun-
keln am Fluß sein, bevor der Bulle das Wasser erreichte. Ich
war überzeugt, daß er den gleichen Weg wie gestern kommen würde, weil er anscheinend seit Wochen den tief ausgetretenen Wechsel benutzt hatte. Am Ufer angekommen,
nahmen wir hinter dichten Büschen Deckung. Der sternklare Himmel gab so viel Licht, daß ich auf der Uferböschung alles klar erkennen konnte. Feuerfliegen gaukelten
über den träge dahinfließenden Fluß, der hier kaum einen
Meter tief war. Da und dort entstanden auf dem glatten
Wasserspiegel plötzlich gurgelnde Wirbel, wenn Nilbarsche
an die Oberfläche kamen. Es war eine unheimliche Stille.
Kein Flügelschlag von Nachtvögeln, kein Tierlaut, kein
Lärm flüchtender Affen.

Plötzlich hob sich flußaufwärts ein riesiger Schatten gegen
den Himmel ab, der sich schnell zum Wasser bewegte, der
„Eiserne". Geräuschlos stieg er in den Fluß und strebte eilig

dem anderen Ufer zu. Ich verfolgte ihn im Glas – an einen Schuß war nicht zu denken. Meine Begleiter sahen mich bedauernd an und schüttelten die Köpfe. Der „Eiserne" mußte ein ausgekochter Bulle sein, für den Vorsicht alles war. Kein Wunder, wenn man einige Pfeile und vielleicht auch zwei Kugeln im Körper hat!

Als es hell wurde, entschloß ich mich, dem Dickhäuter zu folgen. Beim Überqueren des Flusses reichte das Wasser bis zum Bauch. Es war leicht, die Fährte zu halten, die kaum eine halbe Stunde alt war. Der Elefant schien recht eilig seinem Ziel zuzustreben. Kein Halten, kein Äsen oder Bummeln. Die Fährtensucher sahen mich mißmutig an und schienen wie ich am Sinn unserer Verfolgung zu zweifeln. Aber dann hob einer die Hand und winkte. Er zeigte mir frisch gerissene Blätter, und es war deutlich zu erkennen, daß der Bulle hier eine Weile gestanden hatte. Sofort wurden die Burschen lebhaft und strebten vorsichtiger, immer wieder verhoffend und horchend, weiter. Der Busch wurde lichter, dafür aber dornig. Oft mußten wir die Fährte verlassen, wenn sie in dichten Dornbusch führte, und dann die Stelle suchen, wo sie wieder austrat. Über zwei Stunden dauerte unsere Verfolgung bereits, und ich schätzte, daß wir in einer weiteren Stunde auf sudanesischem Gebiet sein würden. Ich hielt Kriegsrat mit meinen Burschen. Sie wollten weitergehen.

Sekundärwald löste den Dornbusch ab, und ich hatte wieder Hoffnung, daß der „Eiserne" äsen würde. Und er tat es! Immer häufiger abgerissene Zweige, Blätterbündel, und dann warme Losung. Im Zeitlupentempo folgten wir den Trittsiegeln, die zu meinem Schrecken in ein verfilztes, dichtes Unterholz führten. Wie eine grüne Mauer türmte sich vor uns das Blätterlabyrinth. Dies mußte der Tageseinstand des „Eisernen" sein. Ich gab Zeichen, daß nur ein Fährtensucher mit mir weitergehen sollte, die anderen mußten zurückbleiben.

Nun wurde jeder Schritt zur Qual. Ich hielt den Schaft meiner Büchse vor das Gesicht, um die Äste und Blätter beiseite zu drängen. Eine Fährte konnte ich beim besten Willen nicht mehr erkennen. Mein Begleiter dagegen führte mit der immer wieder erstaunlichen und bewundernswerten Sicherheit der Schwarzafrikaner weiter. Es gab kaum einige Meter Sicht, und ich überlegte gerade, was ich tun müßte, wenn plötzlich vor uns der Elefant stünde. Da stoppte mein Begleiter und beugte sich zu mir. Erregt zeigte er nach vorne. So sehr ich mich anstrengte, ich konnte in dem Blätterwirrwar nichts erkennen. Während ich entsicherte, deutete der Schwarze immer wieder nach vorne und kroch hinter mich.

Da hörte ich deutlich das Magenkullern des Elefanten. Es konnte keine zwanzig Meter vor uns sein. Allein kroch ich weiter, jeden Ast geräuschlos beiseiteschiebend. Die Sicht wurde nicht besser. Es war sehr still. Ob der Bulle sich zur Ruhe begeben hatte? Das wäre gerade das Schlimmste, denn wenn ein Elefant nicht bummelt oder äst, ist er ganz auf Geräusche konzentriert. Ein Knacken eines Astes kann in Sekunden die Pirsch beenden. Mir tropfte der Schweiß von der Nase, und mein Herz klopfte, als wäre ich eben hundert Meter gelaufen. Da blieb ein dünner Ast an meiner Schulter hängen und schnellte mit deutlichem Geräusch zurück.

Was dann geschah, konnte ich erst später rekonstruieren. Auf mein Geräusch hin begann vor mir ein Brechen und Trampeln. Ich hastete ein Stück zurück und starrte auf das dichte Blätterwerk, vor dem ich gestanden hatte. Da schob

216

sich wie ein Phantom der Elefant heraus, die Ohren breitgestellt. Sein Rüssel fingerte in meine Richtung. Ich riß die Büchse hoch und zog ab. So plötzlich der Bulle vor mir stand, so plötzlich war er verschwunden. Ich hörte noch das Krachen und Bersten von Ästen, dann war Stille.

Meine Fährtensucher tauchten auf und starrten mich ungläubig an, als ich ihnen den Vorgang schilderte.

„Dole ta ti wen'', sagte einer, „der Eiserne'' –.

Während ich mich in das Gras streckte, um das Erlebte zu verdauen, suchten meine Begleiter den Ort der Handlung ab. Wie in einem Film ließ ich das Ganze immer wieder in Gedanken abrollen, und dann war ich mir sicher, daß ich oberhalb der Augenlinie richtig abgekommen sein mußte. Ein Fehlschuß schien mir unmöglich. Aber wenn dem so wäre, hätte der Bulle zusammenstürzen müssen. Unerklärlich war mir, warum mich der Bulle nicht angriff, wenn ich schlecht geschossen haben sollte. Ich kam ja zu keinem zweiten Schuß, der Bulle war so schnell verschwunden.

Nach einer halben Stunde kamen meine Burschen zurück, strahlten und redeten alle durcheinander. Sie schilderten, daß sie der Fluchtfährte gut folgen konnten, sie aber nach kaum hundert Metern verloren hätten, weil dort Trittsiegel in Mengen waren, die in verschiedene Richtungen führten. Zugleich sei der Boden sumpfig geworden, so daß alte und frische Fährten nicht zu unterscheiden waren. So hätten sie verschiedene Fährten verfolgt und wären schließlich umgekehrt. Dann hätten sie im Gras neben einer Fährte etwas Schweiß entdeckt und wären dieser gefolgt. Nach einem halben Kilometer hätte sie aus dem Wald heraus auf eine Feuchtsavanne geführt. Und dort läge der „Eiserne''!

Händeschütteln als Glückwunsch, und dann führten sie mich im Laufschritt. Als ich aus dem Wald trat und den Sechstonner auf der sumpfigen Wiese liegen sah, konnte ich es nicht fassen. Vom Anschuß bis hier waren es gut siebenhundert Meter.

Doch dann packte mich die Freude. Beim Aufbrechen untersuchte ich die drei Einschüsse und fand eindeutige Erklärung. Zwei Einschüsse stammten von Teilmantelgeschossen des französischen Jagdführers; sie saßen zwar richtig im Schädel, hatten aber natürlich das Hirn nicht erreichen können. Daß ein Jagdführer zweimal mit Teilmantelgeschoß Hirnschuß versucht hatte, war mir unerklärlich. Auch für meinen rätselhaften Schuß fand ich jetzt die Erklärung. Meine Vollmantel war am unteren Teil der Hirnhöhle eingedrungen und hatte nur wenig Hirnmasse verletzt. Das ermöglichte die verhältnismäßig lange Flucht. Im Hals steckten zwei abgebrochene Pfeile, ein dritter genau im Kniegelenk . . .

Deshalb also war dieser unglückselige Elefant von den Eingeborenen zum Unverwundbaren, zum ,,Eisernen", gekürt worden. Mein Vollmantel hatte ihn dann endlich wieder zum normalen ,,Dole" gestempelt.

Aber bei all den Verwundungen – eisern war er schon!

Der „Korkenzieher"

Nach monatelangen Jagdzügen durch Äquatorialafrika war ich endlich wieder in meinem Wohnsitz Bangui gelandet. Trockene Wüstenhitze oder feuchte Urwaldhitze war ich inzwischen so gewöhnt, daß es einige Tage dauerte, bis ich mich an die Kühle meiner klimatisierten Wohnung gewöhnt hatte. Es war angenehm, wieder einmal in kultivierter Umgebung zu sein. Die Besuche nahmen kein Ende, und meine große überdachte Terrasse war Abend für Abend von Gästen belebt. Alle Jagdfreunde kamen, um Neues zu erfahren. Es war ein buntes internationales Gemisch, Franzosen, Schweizer, Libanesen, Belgier und Eingeborene saßen hier beisammen und ließen sich mein Münchner Bier schmecken.

In Afrika ist es so, daß Geschäfte nicht in Büros oder bei Behörden getätigt werden, sondern bei kühlen Getränken privater Partys. So spielt sich auch das Gesellschaftliche und die Pflege von Freundschaften in diesem Rahmen ab. Da es mein angenehmes Los war, berufliche Pflichten und permanentes Jagen miteinander verbinden zu können, waren auch die gastlichen Abende bei mir mit der Einleitung oder Erledigung beruflicher Anliegen gewürzt.

Ich mußte viel von meinen Erlebnissen erzählen und ich selbst erfuhr ebenso eine Menge Neuigkeiten. Darunter eine, die bei mir die Lust weckte, sofort wieder die Koffer zu packen und auf das bequeme Wohnungsdasein zu verzichten. Einer meiner Gäste, ein hoher eingeborener Ministerialdirektor, erzählte, man habe im Südosten des Nachbarlandes Kamerun einen Elefantenbullen entdeckt, der nur einen Zahn hätte, dieser sei jedoch wie ein Korkenzieher gedreht. Bisher sei dieser Sonderling nur von drei Plantagenarbeitern gesehen worden, französische Jagdführer hätten ihn bisher vergeblich gesucht.

Als mich mein schwarzafrikanischer Gast beiseite zog und mir erklärte, daß er diesen Elefanten suchen und bejagen wolle, wenn ich als Jagdführer mitkäme, stand meine neuerliche Abreise fest. Schon am folgenden Tag war ich im Ministerium, um Genaueres festzulegen. Ich erfuhr, daß dieser Elefant im Raum von Yokadouma gesichtet worden war. Dieses Gebiet lag kaum 600 Kilometer von Bangui entfernt im Nachbarland.

Der „Korkenzieher-Bulle" hatte meinen Jagddrang so entfacht, daß ich die Abfahrt in zwei Tagen kaum erwarten konnte. Ein klobiger Elefantenzahn wie ein Korkenzieher gedreht – das war wohl die seltenste Trophäe Afrikas und jede Anstrengung wert. Zu Trophäen hatte ich schon immer eine besondere Einstellung. Mich freute ein schwacher Bock mit Pendelgehörn oder ein Spießer mit Korkenzieherstangen mehr als ein kapitaler Sechserbock.

Endlich fuhr ich im Eiltempo über Löcher und Querrillen zur Kamerun-Grenze. Die Piste hätte an sich ein langsameres Tempo verlangt, aber mich trieb die Vorstellung des „Korkenziehers". Unterwegs legte ich meinem schwarzen Jagdfreund meinen Jagdplan dar. Wir wollten es so halten, daß das Schußrecht auf den Sonderling zwischen uns beiden täglich wechselt. Dieses jagdliche Lotteriespiel war die einzig seriöse Lösung.

Von Berberati zur Grenze und weiter nach Süden hatten wir eine fürchterliche Lochpiste. Die Grenzpolizei, die unsere Waffenpapiere kontrollierte, lachte und fragte, ob wir den Wunderelefanten suchen wollten. So hatte sich die Entdeckung also schon weit herumgesprochen.

In Yokadouma durchgeschüttelt und verstaubt angekommen, machten wir sogleich Besuch beim Häuptling. Er war ein Hüne von Mann, muskulös und breitschulterig. Im Gesicht hatte er breite Narben der Schnittätowierung, und quer über den Bauch verlief eine rötliche lange Wundnarbe. Auf meine Frage nach der Ursache dieser Verletzung erklärte er lachend, daß dies eine Erinnerung an seine erste Büffeljagd sei. Der Bulle sei damals der Stärkere gewesen. Damit waren wir schon beim Thema. Ich überschüttete den Häuptling mit Fragen, auf die er bereitwillig Antwort gab. Demnach war der Wunderelefant gar nicht im Gebiet seines Dorfes gesichtet worden, sondern etwa fünfzig Kilometer weiter südlich, irgendwo zwischen dem kleinen Dorf Ngatto und dem Woumofluß.

Wir fuhren weiter, an kilometerlangen Tabakplantagen vorbei, und erreichten gegen Abend Ngatto. In Abständen von mehreren hundert Metern standen fünf baufällige Hütten. Ein noch ziemlich junger Mann stellte sich als Häuptling vor. Als unser Zelt errichtet war, lud ich den Häuptling zum Abendessen ein, um anschließend mit alkoholischer Nachhilfe all das zu erfahren, was ich über den Wunderelefanten wissen mußte. Der Chef des Dorfes war nicht gerade gesprächig. Man mußte ihm jedes Wort einzeln herausziehen. Dabei stellte ich überrascht fest, daß er zu den dreien zählte, die den Elefanten gesehen hatten. Mit meiner Fragerei erfuhr ich weiter, daß die beiden anderen Dorfbewohner, die mit ihm den Wunderelefanten gesehen hatten, nicht mehr im Dorf wären. Als Arbeiter der Tabakplantage seien sie nach Yaounde, der Hauptstadt, gebracht worden, um dort im Tabaklager zu arbeiten. Mir war nicht klar, ob all seine Angaben stimmten. Es konnte leicht sein, daß er sich durch sein Wissen um den Elefanten ein gutes Geschäft versprach und deshalb in seiner Eigenschaft als Häuptling die beiden Mitwisser ausgeschaltet hatte.

Am folgenden Morgen überreichte ich erst einmal Geschenke, um vielleicht damit seine Zunge zu lösen, ein Buschmesser, ein Feuerzeug mit Ersatzzubehör, eine Taschenlampe mit etlichen Batterien, fünf Kilogramm Salz und zwei Flaschen Wein. Freudig nahm er alles entgegen. Seine bildhübsche Tochter schleppte die Sachen in ihre Behausung. Rasch holte ich die Polaroid-Kamera aus dem Wagen, rief das Mädchen und machte einige Aufnahmen. Das war nun der Schlager! Der Häuptling konnte es nicht fassen, daß er seine Tochter in einem Farbbild hatte. Das Mädchen rannte mit den Bildern von Haus zu Haus, und überall gab es Freudengeschrei.

Während sich mein Ministerialfreund im Dorf umsah, nahm ich den Häuptling zur Seite und redete „deutsch" mit ihm. Ich fragte ihn, ob er mich als Fährtensucher auf diesen Elefanten führen wolle und nannte eine Francs-Summe, die ich ihm geben würde, wenn wir den Elefanten fänden. Die Summe, die ich nannte, war für ihn viel Geld. Er starrte mich ungläubig an und lief zu seiner Hütte. Nach einer Weile kam er mit dem Buschmesser marschbereit an, und zu dritt zogen wir los.

Er führte uns westwärts zum Woumo-Fluß, dessen Ufer völlig baumfrei waren. Zwischen dem Wasser und dem Busch-

222

rand lagen breite Graslandflächen. Antilopen sprangen ab, im Fluß tauchten Flußpferde unter, und über uns zogen Wasservögel aller Art dahin. Der Wildbestand war hier sehr gut. Auf einer langen Sandbank hielt unser Häuptling an und besah die vielen Fährtenabdrücke. Sie alle waren gut einen halben Tag alt, sie stammten vom frühen Morgen, als das Wild zum Wasser kam. Das Gelände entlang des Ufers wurde immer feuchter, und bald marschierten wir im Sumpf, der von vielen Suhlstellen zerpflügt war. Jetzt wurde es interessant!

Immer wieder kamen wir an Schlammwannen vorbei, in denen Büffel gelegen hatten. Kuhreiher flatterten aufgeregt zum Busch, ein Zeichen, daß Büffel in nächster Nähe waren. Das war wenig erfreulich, denn ich durfte unter keinen Umständen einen Schuß abgeben, sollte unser Vorhaben nicht gefährdet, wenn nicht unmöglich gemacht werden. Ich stoppte den Häuptling und wies ihn an, zum Buschrand abzubiegen, denn von dort konnten wir zum Fluß sehen und mußen auch alle Fährten überqueren, die zum Wasser führten. Er begriff und nickte zustimmend. Wir waren gut zwei Stunden marschiert und stiegen eben einen sandigen Hang empor, als unser Häuptling stehenblieb und dann aufgeregt den Sandhang absuchte. Bei ihm angelangt, sah ich eine Elefantenfährte. Der Durchmesser des ovalen Trittsiegels war etwa fünfzig Zentimeter. Nach der Faustregel mal sechs, ergab dies eine Schulterhöhe des Elefanten von drei Metern. Es mußte sich demnach um einen starken Zahnträger handeln. Der Häuptling nickte zustimmend, als ich ihm dies erklärte, und begann der Fährte zu folgen.

Jetzt stürzten Zweifel an der Qualität des Häuptlings als Fährtensucher auf mich ein. Denn der Elefant war vor min-

Ein berühmter Elefant, der einen einzigen, sonderbar gedrehten Stoßzahn hatte, fand leider ein trauriges Ende durch Giftpfeile und wurde verludert gefunden. Sein Zahn ist in Douala zu sehen.

destens fünf Stunden hier gegangen. Ihm folgen zu wollen, wäre Wahnsinn. Mein Vogelpfiff stoppte unseren Fährtensucher, und ich sagte ihm deutlich meine Meinung. Er war gar nicht beleidigt, sondern sagte selbstbewußt, daß er der Fährte nur ein Stück folgen wolle, um sich von etwas ganz Bestimmten zu überzeugen. Auf meine Frage, was dieses Bestimmte sei, grinste er nur und beugte sich immer wieder zu einzelnen Abdrücken. Wir setzten uns in einen Baumschatten und warteten, bis der Häuptling zurückkam.

Nach einer halben Stunde kam er, stolzierte wie ein Pfau zu uns und erklärte mit Gesten der Überlegenheit, daß er wisse, wo der Wunderelefant sei. Die Trittsiegel, vor denen wir stünden, denen er ein großes Stück gefolgt sei, wären die Fußabdrücke des „Korkenziehers". Er wolle uns sein Geheimnis sagen, warum er dies so genau wisse. Der „Korkenzieher" habe am rechten Vorderfuß nur drei Zehen, so daß er ihn aus tausend Elefanten herausfinden würde. Nun ging ich ein Stück die Fährte entlang und sah mir die einzelnen Tritte genau an. Der Häuptling hatte tatsächlich recht. Während der Elefant normal an den Vorderfüßen vier und an den Hinterfüßen drei Zehen hat, fehlte bei den Vordersäulenabdrücken rechts immer eine Zehe. Jetzt konnten wir beruhigt nach Hause gehen. Denn ab nun brauchten wir nur das Fährtenquartett dreimal drei und einmal vier Zehen zu suchen und waren auf der richtigen Fährte.

Der Elefant war mit Anomalitäten gesegnet. Die fehlende Zehe mußte seinen Tod bringen. Denn wenn ein Eingeborener solche besonderen Merkmale kennt, ist das Wild verloren. Auf meinen Hinweis, daß infolge des Merkmals auch der Dümmste diesen Elefanten finden könne, beruhigte mich der Häuptling mit der Erklärung, daß er allein dieses Geheimnis kenne. Mit uns beiden wäre es also nur drei Menschen bekannt.

Tag um Tag pirschten wir riesige Strecken, wichen kapitalsten Büffeln aus und waren froh, wenn wir keine Wildbegegnung hatten. Unsere Augen hingen nur an Fußabdrükken, bei denen eine Zehe fehlte. Der „Korkenzieher-Bulle" mußte ein ausgekochter Bursche sein. Er zog kreuz und quer, ging immer wieder durch den Fluß und erledigte seine Körperpflege wie Schlammbad oder Dusche im Fluß anscheinend mitten in der Nacht. Wo immer wir seine Fährte fanden, war sie viele Stunden alt und ein Verfolgen sinnlos.

Zwei Wochen waren wir bereits wie Spürhunde auf der Fährte, aber immer vergeblich. Unser Hoffnungsbarometer sank rasch ab. Dies um so mehr, als wir feststellten, daß Eingeborene ebenfalls hinter dem Elefanten her waren. Schon mehrmals fanden wir auf „unserer" Fährte die Barfuß-Abdrücke von drei Männern. Als der Häuptling einen Giftpfeil neben der Schlammwanne „unseres" Elefanten fand, war es klar, daß unsere Chance gleich Null war. Da der Häuptling die Waffen bis in die weiteste Umgebung seines Dorfes kannte, war er recht zornig bei der Feststellung, daß hier Stammesfremde hinter dem Elefanten her waren. Die Buschtrommel schien die Nachricht vom Korkenzieher bis in entfernteste Gebiete verbreitet zu haben. Wir blieben noch eine Woche auf Pirschgang und gaben dann auf. Mein Ministerialfreund mußte wieder in sein Ministerium, und ich hatte einige Termine.

Nach einem Vierteljahr hörte ich erst wieder von unserem Korkenzieher. Die Nachricht war nicht erfreulich. Man hatte den Bullen völlig verwest, halb aufgefressen, gefunden. Er war an vielen Giftpfeilen, die er im Körper hatte, elend verendet. Ein berühmter Elefant hatte leider ein unrühmliches Ende gefunden. Der „Korkenzieher", dieser einmalige Elefantenzahn, befindet sich in Douala.

Krönung des Waidwerks

Es war Ende Juni, die Regenzeit hatte drei Wochen zu früh eingesetzt. Darum schien es mir zu riskant, die 1 200 km in das Jagdgebiet von Mbomou mit dem Wagen zurückzulegen. Ich wählte das Flugzeug und flog mit einer zweimotorigen Militärmaschine von Bangui nach Bangassou. Der Flug war kein reines Vergnügen, denn die Maschine war dauernd in einer Waschküche von Nebel und kam später in eine Gewitterfront. Afrikanische Gewitter sind ein Vielfaches von dem, was wir in Europa kennen. Um die Maschine zuckten Blitze, und Sturmböen schüttelten uns durch. Als wir in Bangassou auf einer Buschpiste landeten, goß es in Strömen.

Mein Jagdfreund erwartete mich mit dem Jeep, und tropfnaß erreichten wir das „Hotel de Chasse". Ich mußte hier übernachten, weil ich erst am kommenden Tag eine Militärmaschine nach Rafai bekam. Im Hotel erfuhr ich die letzten Jagdneuigkeiten, die wie immer in solchen Zentren zwischen Dichtung und Wahrheit liegen. Allen Erzählungen war jedoch eines zu entnehmen, daß durch das frühe Einsetzen der Regenzeit die Elefanten und alles Wild in Bewegung geraten war. Große Elefantenherden sollten, aus dem Kongo kommend, den Mbomou-Fluß durchschwommen haben und nach Norden ziehen. Diese Nachrichten wurden von Piloten bestätigt, die aus Obo kamen.

Da man im Jagdhotel zwar recht gut wohnt, aber schlecht ißt, begab ich mich zum Mittagessen zu „Mamère". So hieß ein kleines Speiselokal, das von einer dicken Französin geführt wurde. Dieses Lokal hatte Berühmtheit, denn die dicke Mutti begrüßte jeden Gast so, als wäre er ein alter Freund. Man wurde umarmt, geküßt und dann auf irgendeinen Stuhl gedrückt. Die Frau hatte Humor und ließ niemanden zu Wort kommen, ihr Gesprächstoff ging nie aus. Das Lokal war eigentlich ein möblierter Gang. Man saß dichtgedrängt, und es war erstaunlich, wie viele Menschen auf so engem Raum Platz hatten. Das Essen bei „Mamère" war so berühmt wie die Wirtin. Was hier in vielen Gängen an französischer Küche serviert wurde, hätte man im besten Restaurant von Paris auf den Tisch bringen können.

Am nächsten Morgen flog ich mit einer einmotorigen viersitzigen Brussard-Militärmaschine weiter nach Rafai. Diesen Flug werde ich nie vergessen. Schon beim Start hingen die Wolken tief herab, und die leichte Maschine schaukelte nur wenige Meter über den Wipfeln der Galeriewälder dahin. Der Pilot orientierte sich nach einer kaum erkennbaren Piste. Wenn diese im dichten Busch verschwand, kurvte er hin und her, bis er sie wiederfand. Ab und zu hüllten uns Wolkenfetzen ein, und wenn ich vorher Hügel in unserer Flugrichtung gesehen hatte, wartete ich jede Sekunde darauf, daß wir in die Baumwipfel krachten. Aber der Pilot flog hervorragend, er war ein alter Buschpilot. Er schlüpfte immer wieder tiefdrückend aus der Wolkenwand, so daß er für den nächsten Blindflug Orientierung hatte. Der Mann war geradezu ein Flugartist. Der Flug selbst war ein einziges Heckenspringen, und als wir nach zwei Stunden am Ziel landeten, atmete ich erleichtert auf.

Verabredungsgemäß erwartete mich mein Jagdfreund mit dem Landrover, der mich 190 Kilometer nordwärts nach

Barroua bringen sollte, wo ich mein Jagdlager errichten wollte. Die Piste war außergewöhnlich schlecht. Kilometerweit glich sie einem reißenden Bach, und der Landrover wühlte sich wie ein Motorboot durch das aufspritzende Wasser. Tiefe Löcher und ausgeschwemmte Gräben sorgten für Abwechslung. Das einzig Erfreuliche dieser Fahrt waren die Visitenkarten der Elefanten. Überall umgeworfene Bäume. Hier waren tatsächlich große Herden Elefanten gezogen, und selten sah ich solche Verwüstungen.

Als wir das kleine Dorf Barroua erreichten, brach die Nacht herein. Im Osten kündigte sich ein Tornado mit einer tiefschwarzen Wolkenwand an. Im grellen Licht der Blitze glich sie einem Atompilz. Die Bewohner des Dorfes halfen beim Zeltbau, so daß wir sie sturmfest hatten, bevor der Sturm begann. Kaum hatten wir die Zelte verspannt und alles verstaut, begann das Unwetter. Wir krochen rasch in die Zelte unter die Moskitonetze. Erst klatschten dicke Tropfen auf das Zeltdach, und dann stürzte eine Wasserwand herab. Der Tornado heulte, rüttelte an den Verspannungen und mein Zelt neigte sich schief zur Seite. Jeden Augenblick erwartete ich die Katastrophe – und sie kam. Krachend wurde mein Zelt zur Seite geschoben, es fiel zusammen und begrub mich unter dem Moskitonetz. Durch das aufgerissene Dach ergoß sich ein Wasserfall, und im Nu lag ich im Wasser. Unter dem Netz war ich wie ein Fisch gefangen. Das Zelt mit seinem Gummiboden füllte sich wie eine Badewanne mit Wasser, und ich wühlte fluchend, um mich zu befreien. Meinem Freund im Nachbarzelt schien es ähnlich zu ergehen, denn trotz des Tobens der Elemente, des unaufhörlichen Donners, hörte ich ihn schimpfen.

Endlich war ich aus dem Netz, konnte das Zelt öffnen und aus meinem nassen Gefängnis schlüpfen. Dabei kam ich wörtlich aus dem Regen in die Traufe. Wassermassen stürzten auf mich herab. Im Leuchten des Blitzes erreichte ich die nächste Eingeborenenhütte und kroch hinein. Dicke Luft und Maniokgestank schlugen mir entgegen. Ein Afrikaner schob mir einen flachen Schemel hin. Die ganze Familie hockte um ein Holzfeuer nahe am Eingang. Im Licht der Blitze sah ich sie alle grinsen, und ich wußte warum. Sie freuen sich doch immer kindlich, wenn irgend etwas von unseren technischen Wundern versagte. Sie hatten selbst die prächtigen Hauszelte mit aufgebaut, und stolz waren wir in diese gummierten Fertighäuser eingezogen. Und nun – in wenigen Minuten waren unsere Buschvillen zu einem Haufen Leinwand, einem Gewirr von Stangen und Stricken geworden. Die ,,primitiven" Kegeldachhütten der Eingeborenen dagegen trotzten dem Toben der Natur. Obgleich eine Sintflut auf das Strohdach prasselte, fand kein Tropfen den Weg in das Innere. Die Bauweise der Schwarzafrikaner eignet sich für die dortigen Verhältnisse eben doch besser als unser Luxus.

Das Toben dauerte an, und ich war ein wenig auf meinem Schemel eingeschlafen. Als ich fröstelnd erwachte, war es draußen still. Kein Sturm, kein Regen, der Spuk war beendet. Ich trat aus der Hütte und fand es draußen wärmer als in den Lehmwänden. Im Grau des erwachenden Tages dampfte die Erde. Verschlafen kroch mein Freund aus der Nachbarhütte, in der er Schutz gefunden hatte, nachdem auch sein Zelt zerstört war.

Wir besprachen den Tagesplan; er würde im Lager bleiben, um unsere Behausungen wieder aufzubauen, während ich auf Elefanten pirschen wollte. Mit meinem Fährtenzauberer Ballasida und einigen Trägern zog ich los.

Elefanten lieben Sumpfgebiete, wo sie sich genüßlich suhlen können.

Wir folgten der vom Regen saubergewaschenen Piste, auf der sich selbst die Kriechspur eines Wurmes deutlich abhob. So boten sich bald Fährten aller Art, ein Zeichen, daß das Wild nach dem Wolkenbruch unterwegs war. Mehrfach sahen wir auch Tritte von Elefanten, jedoch nur von Halbstarken, die zur Frühäsung bummelten. Aber bald standen wir vor einem Tritt, der einem kapitalen Dickhäuter gehören mußte. Als Ballasida die Fragmente von Sandalen und das Hemd ablegte, wußte ich, daß er der Meinung war, außergewöhnliches Wild vor uns zu haben. Er wollte sich ungehindert wie ein Raubtier bewegen können.

231

Der Elefant war eine Zeitlang parallel zur Piste gezogen, hatte da und dort an Sträuchern genascht, jedoch nie angehalten, um Äste zu brechen und richtig zu äsen. Ballasida gefiel diese Feststellung so wenig wie mir. Denn wenn ein Dickhäuter nur naschend zieht, hat man viele Kilometer vor sich, und am Ende steht ein zweifelhafter Ausgang. Eine knappe Stunde waren wir den Tritten gefolgt, ohne auch nur die Spur von Losung zu finden. Dabei hatten wir mindestens die Fährten von zwanzig anderen Elefanten gekreuzt. Ausgerechnet unser Bulle hatte keinen Hunger, hatte es eilig. Obwohl ich eine weitere Verfolgung für aussichtslos hielt, wollte ich der Fährte folgen, bis ich eine andere annehmbare fände. Bald erreichten wir ein Sumpfgebiet; unser Bulle war geradeaus in den Flachsee marschiert, der von riesigen Schilfflächen bedeckt war. Ballasida schüttelte mißmutig den Kopf. Ich wollte ihm gerade das Zeichen zur Umkehr geben, als ich ein Geräusch vernahm. Ja, es war keine Täuschung, das war das typische Klatschen der Säulen im Schlamm, wenn ein Elefant suhlt. Wenn das ,,unser" Bulle wäre, dem wir schon einige Stunden gefolgt waren, müßte es zum Waidmannsheil führen.

Wir ließen die Träger zurück, stiegen in das Wasser und nahmen Richtung, aus der das Klatschen kam. Schon nach wenigen Schritten steckten wir bis zu den Knien im Schlamm, jeder Meter wurde zur Anstrengung. Deutlich war der Weg des Bullen im hohen Sumpfgras zu erkennen, und Ballasida strahlte mich hoffnungsvoll an. Er bog in eine Schilfschneise ein und versank sofort bis über die Hüfte im Wasser. Das Gewehr hochhaltend, mühte ich mich zu ihm und kam sogleich in dieselbe Lage wie er. Es gab keinen Zweifel, wir waren auf einem Elefantenwechsel zu den Suhlen. Die tonnenschweren Dickhäuter hatten mit ihren Säulen tiefe Löcher in den Schlamm getreten, so daß hier das Wasser tiefer war als ringsum. Wir mochten uns, oft bis zur Brust im Wasser, eine halbe Stunde in diesem Schilflabyrinth vorwärts gearbeitet haben, als es seitlich von uns klatschte. Nur wenige Meter von uns entfernt, suhlte ein Elefant! Aber zwischen ihm und uns stand Schilf, so daß wir nicht das geringste sahen. Ich sank wieder einmal bis zu den Achselhöhlen ins Wasser und war verzweifelt. Vom dauernden Hochhalten der Büchse bekam ich Krämpfe in den Schultern. Plötzlich verstummte das Klatschen, und wir wagten kaum zu atmen. Wir beide standen verschlammt wie Bronzefiguren im Wasser, und wäre die Lage nicht so gefährlich gewesen, ich hätte hellauf gelacht.

Die unheimliche Stille blieb. Vorsichtig bewegten wir uns im Zeitlupentempo weiter. Der Wechsel machte eine Haarnadelkurve und mußte zur Stelle führen, von der das Klatschen gekommen war. Und richtig – da standen wir vor einer riesigen Suhle. Das Schilf war plattgewalzt, und die aufsteigenden Gasblasen zeigten, daß der Elefant erst kurz vorher den Platz verlassen hatte. Der Abdruck des Körpers war riesig. Ballasida zwängte sich durch das Schilf und winkte mir. Es war kaum zu fassen. Da war die Stelle, an der wir vorher gestanden hatten, als das Badegeräusch verstummte. Und kaum zehn Meter neben uns hatte der Elefant gebadet! Warum er sich plötzlich geräuschlos abgesetzt hatte, war unerklärlich. Ich war ziemlich ausgepumpt und gab Ballasida das Zeichen zur Umkehr.

Da klatschte es weiter drinnen im Sumpf. Alle Müdigkeit war weg, und schon schoben wir uns wieder von Wasserloch zu Wasserloch. Das Pflanzengewirr wurde immer dichter, der Schlamm zäher. Als ich wieder ein festes Zwischenstück

233

gefunden hatte und eben das zweite Bein nachzog, brach die Schlammbrücke ein, und ich sank bis zum Hals ins Wasser. Ich fluchte, was ich nur herausbrachte, als mir Ballasida aus dem Schlammbad half. Das schien dem Suhlenden doch zu viel, denn uns umgab plötzliche Stille. Da das Wasser zudem tiefer wurde, gab ich das Zeichen zur Aufgabe. Hier konnten wir nicht weiter. Mit letzter Kraft erreichte ich die Piste und stand wie ein Schokoladenmännchen da. In diesem Augenblick hätte ich jeder Elefantenjagd abschwören können. Auch Ballasida hockte wie ein schmutziges Bündel erschöpft da. Lange kauerten wir wortlos am Pistenrand, und nach einer Weile war Ballasida eingeschlafen. Ich starrte erschöpft und verdrossen vor mich hin.

Ein Geräusch machte mich munter, und rasch weckte ich meinen Fährtensucher. Da kam doch auf dem gleichen Wechsel, den wir mit letzter Kraft entlanggestolpert waren, ein Elefantenbulle daher. Munter ließ er den Rüssel baumeln und war nach seinem Morgenbad anscheinend sehr zufrieden. Es war ein Jüngling mit dünnen Zähnen, nicht jagdbar. Aber wenn er die Richtung beibehielt, kam er direkt zu uns. Engedenk, daß ich einmal einen jungen Bullen strecken mußte, weil er brunftig war und mich angriff, wollte ich den Burschen rechtzeitig zum Richtungswechsel veranlassen. Ich pfiff durch die Finger, und sofort verhielt er. Sein Rüssel griff suchend im Kreis und die großen Ohren klappten wie Türflügel vor und zurück. Mein zweiter Pfiff tat seine Wirkung. Der Bulle wendete auf der Hinterhand und zog im Schnellschritt ab. Müde erreichten wir das Lager und die Nachmittagspirsch fiel aus. Ich versank in tiefen Schlaf.

Der nächste Morgen galt wieder den Elefanten. Während der Nacht hatte sich ein kleines Gewitter entladen, und der

234

Spielerisch pflückt sich der Riese ein paar zarte Triebe.

235

Regen hatte wieder beste Voraussetzung für die Pirsch geschaffen. Ich wählte diesmal die nördliche Richtung, und der Tag begann vielversprechend. Ganz in der Nähe des Lagers waren während der Nacht Bäume umgeworfen worden. Viele Tritte und Losungshaufen verrieten die Urheber. Bald hatten wir große Tritte gefunden und folgten wie am Vortage rasch der Fährte. Aber nach etwa zwei Kilometer Marsch mußten wir rätseln. Die Tritte führten in ein Gewirr von meterhohem Gras, das von mehreren Elefanten zertrampelt war. Wütend lief Ballasida im Kreis und verlor immer wieder „seine" Spur. Doch dann riß er die Arme hoch und deutete, daß er sie wiedergefunden habe. In flotten Tempo folgten wir.

Der Bulle war lange nur marschiert, hatte aber dann mit einem Halt die Äsung aufgenommen. Sein Rastplatz war wie eine Tenne festgetreten, und an einem dicken Stamm hatte er die Schlammkruste seines Morgenbades abgescheuert. Sie war noch ganz feucht. Wir mußten in Nähe des Bullen sein. Die Träger zurücklassend, folgten wir den breiten Tritten. Abgerissene Zweige und Losungsknödel markierten den Bummelweg des Elefanten.

Das Geräusch brechender Zweige ließ uns halten. Merkwürdigerweise kamen diese Geräusche aus zwei verschiedenen Richtungen. Es mußten demnach zwei Elefanten in der Nähe sein. Ich prüfte nochmals den Wind und folgte dann rechts dem Knacken brechender Äste. Ich erreichte einen Buschrand, an den sich eine schmale, lange Grasfläche schloß. Und da stand er – deckungslos holte sich der Bulle von einem einzelnstehenden Baum Blätter und Zweige. Er stand jedoch so, daß ich keine Zähne sehen konnte. Aber der Körpergröße nach mußte er starke Zähne haben. Ich pirschte mich an und mußte ohne jede Deckung die Grasfläche überqueren. Als ich endlich seitlich vom Bullen stand, kam die Enttäuschung. Im Vergleich zu seiner Körpermasse hatte der Riese Zahnstocher. Völlig gerade, standen kurze dünne Zähne ab. Vorsichtig zog ich mich zurück zu Ballasida. Als ich ihm die Größe der Zähne verdeutlichte, gab er etliche Sanghoflüche von sich.

Wir gingen unseren Weg zurück und hofften, bald das Knakken in anderer Richtung zu hören. Leider vergeblich. Dennoch folgten wir den Tritten. Warme Losung gab neue Hoffnung. Doch der Elefant hatte sich in ein Dickicht von Pflanzengewirr geschoben und schien Siesta halten zu wollen. Das war recht ungünstig. Das Anpirschen an einen ruhenden Elefanten ist sehr schwierig. Da ist das Tier ganz auf seine Umgebung konzentriert, und das geringste Geräusch veranlaßt es, sofort unhörbar zu verschwinden. Wieder stand ich vor warmer Losung und quälte mich, von Ästen eingekeilt, vorwärts. Es ist unvorstellbar, wie leicht sich der riesige Körper eines Elefanten wie ein Schiffsbug durch das Dikkicht schiebt, während wir kleinen Menschen an jedem Ast hängenbleiben.

Endlich hatte ich wieder Bewegungsfreiheit. Das Dickicht ging in offenes Buschland über und es gab Sichtweite bis etwa hundert Meter. Mit dem Glas suchte ich alle Schatten ab – und da stockte mir doch der Atem. Unter einer kleinen Baumgruppe stand halb breit ein riesiger Elefantenbulle mit stark gebogenen, kapitalen Zähnen. Er bearbeitete einen Baum und schien mit dem Erfolg nicht zufrieden zu sein. Immer wieder schwang er die Zähne gegen den Stamm, daß es krachte. Gebückt näherte ich mich dem Koloß von rückwärts und kam auf etwa 15 Meter heran. Beim Anblick der

Der Abschuß jagdbarer Elefanten unterliegt strengen Bestimmungen.
Wilderei und wahlloses Töten haben in der letzten Zeit viel Unheil gebracht.

Die gewaltige „Schuhnummer" eines der grauen Riesen.

Der Wedel wird abgeschärft, ein Ritual in Afrika.

Sieben Schwarzafrikaner haben reichlich zu tun,
ein so großes Stück Wild zu zerwirken.

Das Wildbret muß den Schwarzafrikanern zur Verfügung gestellt und darf nicht verkauft werden.

Eine reiche Mahlzeit brutzelt über dem Feuer.

240

Die Trophäen stehen dem Jäger zu. Diese beiden Zähne wiegen zusammen 106,5 Kilogramm.

„Elefanten-Gselchtes". Das gibt ein Fest im Dorf!

gewaltigen Zähne schlug mein Herz rasend schnell, und ich versuchte tief durchzuatmen. Es war der kapitalste Bulle, vor dem ich je stand. Da ich vorerst noch genau hinter dem Bullen im Windschatten stand, kroch ich seitwärts, um die allein tödliche Stelle zwischen Auge und Ohrloch zu sehen. Der Bulle kam mir durch eine kleine Drehung entgegen, hielt aber plötzlich in seiner Arbeit inne. Dann hob er den Rüssel ruckartig senkrecht und stellte die großflächigen Ohren breit. Ich riß die Büchse hoch, war rasch in der Linie Auge-Ohrloch und zog ab. Im Peitschen des Schusses erhob sich der Riese auf die Hintersäulen, drehte sich zu mir und sackte seitwärts zusammen. Im Fallen drückte er zwei Bäume um, die krachend splitterten.

Ich brauchte eine Weile, bis sich die nervliche Spannung gelegt hatte. Schweißgebadet stand ich vor dem Gestreckten. Während ich den Wedel abtrennte, kam Ballasida gerannt und überreichte mir einen riesigen Bruch. Glücklich bleckte er seine spitz zugefeilten Zähne. Nun hatte sich der wahnsinnige Marsch durch den Schlamm doch gelohnt. Ich hatte meinen stärksten Elefanten erlegt. Das Zahngewicht betrug 53 kg und 53,5 kg. Es war Krönung des Waidwerks.

Trophäen und Besinnung

Jagd vorbei!
In diesem Signal, das auch mit dem Jagdhorn geblasen wird, liegt mehr als die Beendigung der Jagd. Aus ihm klingt Erfüllung, stolze Freude und Wehmut. Erfüllung, wenn jagdliches Können, menschliche Selbstzucht, Bewährung vor dem Ich, Mut und Ausdauer zum Erfolg führten. Stolze Freude, weil alle Entbehrungen, Anstrengungen und Gefahren von St. Hubertus mit unvergeßlichem Erleben und mit Trophäen aller Art belohnt wurden. Wehmut, weil die gefahrvollen Begegnungen mit wehrhaftem Großwild zu Ende sind und die besinnlichen Stunden unter dem funkelnden Tropenhimmel ausklingen.

Was wäre die Jagd allein, würde man nicht an ihrem Ende von Trophäen in den Alltag begleitet. Gewiß wäre sie Erlebnis, aber es würde verblassen, je mehr man sich davon entfernt. Die Trophäen jedoch sind für den Jäger mehr als greifbare Erinnerung. Jedes Gehörn, jeder Stoßzahn, jede Decke ist Träger eines besonderen Erlebnisses, ist Mahner für begangene Fehler oder Zeuge größter Bewährung. Und darin liegt der ideelle Wert der selbst schwächsten Trophäe.

Für den echten Jäger ist nicht die Summe der Nadler-Wertungspunkte, nicht Gold- oder Silbermedaille einer Trophäenschau wichtig, auch wenn in unserem Zeitalter leider oft die Rekordsucht herrscht. Dem wirklichen Jäger haben

243

allein die Umstände und all die Dinge, die mit dem Erbeuten einer Trophäe verbunden sind, Bedeutung. Darum ist das „Jagd vorbei" nicht nur Ende freudvollen Waidwerks, sondern Beginn eines zweiten Erlebens.

Die Großwildjagd läßt mit ihren oft turbulenten Geschehnissen keine Zeit, sich über das Erlebte Gedanken zu machen. Zu rasch wechseln die Bilder, zu schnell sind die Abläufe und zu groß die Räume, in denen man sich bewegt. Erst das Jagdzimmer in der Heimat läßt die Ereignisse lebendig werden, wenn man die Trophäen an der Wand schaut. Da werden Dinge wach, die man im Busch, in der Savanne, im Urwald gar nicht bewußt erlebte. Jede Pirschminute zieht in Gedanken vorbei. Jagdpech erscheint harmloser und Jagdglück wird doppelt schön empfunden.

Und das Wild, das Träger der Trophäe war, steht beim Anblick des Gehörns lebendig vor uns. Man erinnert sich an seine Verhaltensweise vor dem Schuß und an das eigene Verhalten. Dieses Erinnern baut Stein auf Stein und wächst zu einem Wertmaß für das Wild, die Jagd und den Jäger.

Wertmaß aber bedeutet Prüfung des jagdlichen Soll und Habens, bedeutet Begrenzung unseres Handelns als Waidmann. So ist die Trophäe mehr als nur ein totes Gehörn, als ein Stück Elfenbein oder glänzendes Fell. Die Trophäe einer Großwildjagd trägt den Hauch von Busch, Savanne und Urwald in das Heim des Jägers. Sie ist Teil einer ungezügelten Natur, Bestandteil eines echten, unverfälschten Waidwerks, sie ist ein Stück Afrika.

Jagd vorbei!

Anregungen und Wissenswertes
für die Großwildjagd in Afrika

Eine Jagdsafari in Afrika verlangt Gewissenhaftigkeit in der Vorbereitung, Organisation und Durchführung.

Vorbereitung:

Sie beginnt mit der Beschaffung eines Reisepasses, des erforderlichen Visums, der vorgeschriebenen Impfungen. Zweckmäßig ist die Beschaffung mehrerer Paßbilder, weil sie dann und wann bei afrikanischen Behörden benötigt werden. Wichtig ist eine kleine Reiseapotheke mit persönlich benötigten Medikamenten. Dazu gehört vor allem Resochin, das man bereits vier Wochen vor der Abreise prophylaktisch gegen Malaria einnimmt. Für den Zoll sollte man am besten eine Liste erstellen, in der alle wertvollen Gegenstände (Waffen, Fotoapparat, Filmapparat, Fernglas) eingetragen sind. Diese läßt man bei der Ausreise vom Zoll stempeln, so daß man bei der Rückreise keine Unannehmlichkeiten haben kann.

Kleine Geschenke, wie Jagdmesser, Taschenlampen, Feuerzeuge o. ä. sollten mitgenommen werden. Man überreicht sie den Fährtensuchern nach besonderen Jagderfolgen.

Für eine normale zwei- bis dreiwöchige Jagdreise wird folgende Kleidung und Ausrüstung empfohlen:

Sonnenbrille mit Umhängeschnur
Armbanduhr
Stab-Taschenlampe mit Ersatzbatterien
Jagdmesser

Feuerzeug

leichter Flugzeugkoffer

Umhängetasche als Handgepäck

Trillerpfeife mit Umhängeschnur

Brustbeutel (für Geld)

Notizbüchlein mit Bleistift

1 leichter Reiseanzug

2 lange grüne Leinenhosen mit vielen Taschen
   (in Sondergeschäften aus US-Beständen)

3 grüne Buschhemden mit langen Ärmeln

2 weiße Kragenhemden für Reise und Hotel

3 Paar Unterhemden und kurze Unterhosen

4 Paar Socken

1 Wollpullover

1 Paar leichte Sommerhalbschuhe für Reise, Hotel

2 Paar Leinen-Handballschuhe (Profilsohle), knöchelhoch

1 Paar Sandalen für das Lager

1 leichter Leinen-Tropenhut (grün)

1 Badehose

1 leichter Schlafanzug

1 Toilettenbeutel

Die Wäsche wird in den Jagdlagern täglich gewaschen und gebügelt, falls notwendig, auch repariert.

Vor Antritt der Reise müssen erledigt sein:

1. Abschluß einer Unfallversicherung und
   Abschluß einer Reisegepäckversicherung

2. Antrag für den Erhalt der Jagdlizenz und eventuelle
   Sonderlizenzen

3. Antrag für den Erhalt des Waffenerlaubnisscheines (Angabe von Art und Fabrikat der Waffen, Waffen-Fabrik-
   nummer, Angabe von Art und Anzahl der Munition).

Der Jäger sollte sich auch schon zu Hause informieren über die Art der Großwildjagd, das Verhalten und Ansprechen des Wildes, die Charakterisierung der einzelnen Wildarten, die Gesetze und Bestimmungen für die Großwildjagd, das Verhalten gegenüber den eingeborenen Fährtensuchern und Trägern.

Organisation:

Die Großwildjagd ist kein „Rucksackunternehmen", sondern eine Safari auf wehrhaftes Wild und verlangt eine durchdachte Organisation. Die Qualität dieser Organisation bestimmt letztlich den Jagderfolg, aber auch die Sicherheit und die Gesundheit des Jägers. Jagdlager, Fahrzeuge, Jagdführer, Fährtensucher und Träger sind die bestimmenden Faktoren. Sie fordern von vornherein hohe finanzielle Investitionen, die ihren Niederschlag in den Safarikosten finden. Improvisation darf bei der Safari-Organisation keinen Platz haben. Ihr roter Faden heißt Verantwortung für den Jagdgast. Darum ist das Beste gerade gut genug.

Jagdlager:

Die Gewohnheiten des Großwildes und die dadurch bestimmten Lebensräume zwingen immer zur Errichtung mehrerer Jagdlager. Dadurch kann den Jagdwünschen des Jagdgastes Rechnung getragen werden. Die Jagdlager werden in oder am Rande von Wild-„Ballungsräumen" errichtet, um kurze Fahrwege zu haben. Sie werden an Flüssen, Bächen oder Seen gebaut, Wasserprobleme gibt es also nicht. Gleichzeitig wird Bademöglichkeit geboten.

Wenn zweckmäßig, wird in Nähe des Hauptlagers nach örtlichen Gegebenheiten eine Landepiste für Kleinflugzeuge erstellt, um Zeit für die Anreise in das Jagdgebiet zu gewinnen. Der Bau von primitiven Fahrpisten zu den Lagern ist meist erforderlich.

Die Unterkünfte bestehen aus Rundhütten mit einer größeren Hütte als Eß- und Aufenthaltsraum. Es gibt außerdem eine Wasch- und Duschhütte sowie ein Toilettenhäuschen.

Zum Lager gehören ferner die Hütten für die Fährtensucher, Träger, die Küche, das Ersatzteillager für die Fahrzeuge und der Platz für Kfz-Instandsetzung und -Reparatur.

Die Einrichtungen des Lagers entsprechen der Forderung, daß ein Jäger „gut essen, gut trinken und gut schlafen" muß, will er die klimatischen Belastungen und die körperlichen Anstrengungen der Jagd gut verkraften. Denn der europäische Jagdgast fliegt angesichts der Jagdzeit im Winter ab und landet Stunden später in tropischer Hitze. Da er meist nur zwei bis drei Wochen jagt, hat der Körper keine Zeit, sich zu akklimatisieren. Darum ist es kein Luxus, wenn Petroleum-Eisschränke für kalte Getränke sorgen, wenn die Zweiraum-Hütten mit guten Betten, sauberer Wäsche und Decken sowie Moskitonetz ausgestattet sind. Dies alles dient nicht allein der Bequemlichkeit, sondern vielmehr der Gesundheit.

Die Küche erfordert ein reichhaltiges Lager von Konserven, weil die Jagd selbst nur für einen abwechslungsreichen Wildbret-Speisezettel sorgt. Wo immer es möglich ist, werden bei den Lagern kleine Gemüsegärten angelegt.

Besonders wichtig ist die Getränkeversorgung, denn der Körper braucht hier täglich 10 bis 12 Liter Flüssigkeit, soll er nicht Schaden erleiden. Die Ausstattung eines Lagers mit allen Notwendigkeiten muß gut durchdacht sein. Denn die nächste Einkaufsmöglichkeit, Tankstelle und Reparaturwerkstätte liegt meist viele hundert Kilometer entfernt.

Fahrzeuge:

Zum Bestand eines jeden Lagers gehören ein schwerer Lkw und zwei Jagdfahrzeuge, Landrover oder ähnliche. Ein Lkw ist für den Transport von Treibstoff, Lagerausrüstung, Lebensmittelvorräten unerläßlich. Er wird zudem für den Transport des afrikanischen Personals und der Trophäen gebraucht. Für die Jagd selbst müssen Fahrzeuge mit Vierradantrieb zur Verfügung stehen, denn mit ihnen werden die Jäger querfeldein in das Jagdgebiet gefahren.

Daß die Fahrzeuge in bestem Zustand gehalten werden müssen, erzwingt schon das Gelände.

Der hohe Verbrauch an Treibstoff erfordert große Benzinlager. Dabei sei angedeutet, daß ein Liter Benzin das Vierfache kostet, bis er von der Tankstelle der Stadt im Lager ankommt. Für die einzelnen Fahrzeuge müssen die wichtigsten Ersatzteile gelagert werden. Reparaturgeräte bis zum Schweißgerät sind selbstverständlich. Dazu gehört ein Aggregat zur Stromerzeugung.

Waffen:

Wenn der Jäger seine eigenen Waffen mitbringt, muß er sie für den Flug in einem festen Gewehrkoffer transportieren. Das Schloß und die Munition müssen getrennt von der Waffe, am besten im Reisekoffer, mitgenommen werden.

Die afrikanischen Bestimmungen schreiben für das Großwild ein Kaliber von 375 H + H Magnum oder 9,3 x 62 aufwärts vor. Als beste Waffe hat sich letztlich die Großwildbüchse 9,3 x 64 erwiesen. Dazu werden zwei Großwildpatronen verwendet:

a) für Büffel und übriges Großwild: Brenneke Torpedo-Universal-Geschoß 19 g (TUG) oder Ladung 4,7 g R 1

b) für Elefanten und andere Dickhäuter: Vollmantel-Geschoß 18,5 g, Ladung 4,9 g R 1.

Die Rasanz – V_0 – 805 m/sec und die Auftreffwucht E_{100} = 5227 J erbrachte immer volle Wirkung bei jedem Großwild.

Der für die Waffen zuständige Waffenerlaubnisschein weist die Anzahl der mitgebrachten Patronen aus. Nach Beendigung der Jagd, muß für verbrauchte Munition ein geringer Zoll entrichtet werden.

Der zum Waffenschein gehörende Jagdschein bestimmt die Wildart und Stückzahl, die geschossen werden darf. Die Abschußgebühr für die einzelnen Wildarten ist festgelegt.

Mit dem Erhalt der großen Jagdlizenz ist die Verpflichtung zur Einhaltung der sehr strengen Jagdgesetze verbunden. Die wichtigsten sind:

Es ist verboten, mit dem Kraftwagen Wild zu jagen oder aus dem Auto Wild zu schießen.

Es ist verboten, nachts mit Licht zu jagen, Gift zur Jagd zu verwenden und Fallen zu stellen.

Es darf nie Jungwild oder weibliches Wild geschossen werden.

Ein Jäger darf pro Tag nur zwei Stück Wild derselben Wildart erlegen.

Für jagdbare Elefanten gibt es strenge Bestimmungen über Zahngewicht und Alter.

Das erlegte Wild gehört dem Jäger. Ihm gehört die Trophäe des Wildes (Gehörn, Zahn, Decke). Er hat dafür zu sorgen, daß das Wildbret der Ernährung der Afrikaner zugute kommt und nicht verlorengeht.

Es ist streng verboten, Wildbret zu verkaufen.

Die Safari wird vom autorisierten Jagdführer geführt. Er ist für die Jagd und die Einhaltung der Gesetze verantwortlich.

250

Wildfarmen

Nachdem seit 1860 in Südafrika Straußenfarmen bestehen, hat sich in den letzten Jahren in vielen Staaten in Ergänzung zur Jagd eine neue Form der Wildtiernutzung entwickelt. Einen besonderen Stand erreichte dieses „Game-farming" in Südwestafrika, dem heutigen Namibia. Die weißen Viehfarmer Afrikas hatten schon vor vielen Jahren erkannt, daß ihre Vernichtungsjagd gegen das Großwild falsch war, daß sie seit zwei Jahrhunderten mit ihren großen Rinder-, Ziegen- und Schafherden wertvollen Weidegrund zerstörten.

Als man nach einer unbedachten Überhege des Wildes in den Reservaten riesige Mengen Großwild abschießen mußte, stellten die Farmer Vergleiche zwischen den Ausschlachtungsergebnissen ihrer Haustierherden und denen des erlegten Wildes an. Dabei stellten sie fest, daß bei den Antilopen und Gazellen 60% des Lebendgewichtes an brauchbarem Fleisch anfiel, bei den Haustieren aber nur 40%. Zugleich erkannte man endlich, daß die Antilopen, wie Elen, Kudu, Impala, für die Viehzucht keine Konkurrenz sind. Denn während man für die Rinderzucht riesige Grasweiden benötigt, leben die Antilopen vorwiegend von den Blättern der Sträucher und Bäume und zerstören so keinen Bodenbewuchs. Da die Grasnahrung der Rinder und Schafe weniger Flüssigkeit als die Laubnahrung enthält, benötigen Rinderfarmen kostspielige Tränken. Die Antilopen nehmen durch das Laub mehr Flüssigkeit auf und ergänzen diese noch

251

Der Große Kudu mit
seinem herrlichen
spiralig gewundenen
Gehörn ist eine hoch-
angesehene Wildart.
In Südafrika und
Namibia ging man
vielfach erfolgreich zu
einer Wildbewirt-
schaftung über, die der
unseren vergleichbar ist.

durch den Nachttau, weil sie auch während der Nacht äsen.
Wissenschaftler ermittelten, daß das Wild mit der Blattnah-
rung bei 100 kg Laub 4 l Wasser aufnimmt, während die
Rinder bei gleicher Menge Grasnahrung nur einen Liter
Wasser erhalten. Bei einer „Domestizierung", einer farmar-
tigen Aufzucht von Antilopen, braucht man deshalb kaum
zusätzliche Tränken. Dadurch fällt auch die von Rindern in
großem Umkreis um die Tränken verursachte völlige Zerstörung der Grasnarbe weg. Während die Rinder teure Mas-
senimpfungen erfordern, fallen diese beim afrikanischen
Wild weg, weil es resistent gegen die meisten Seuchen ist.

Bedeutsam war zudem die Tatsache, daß Großantilopen einmal, kleinere Antilopen und Gazellen zweimal jährlich kalben. Dies heißt, daß sie wesentlich mehr Nachwuchs bringen als das afrikanische Rind. Der Chef der ,,African Wildlife Foundation'', Robinson McIlvaine, stellte fest, daß in den Trockenregionen Antilopenhaltung doppelt so viel Fleisch bringt wie die Rinderfarmen, und damit ein um 30% höherer Ertrag erzielt werden kann.

All diese Erkenntnisse bewirkten, daß es derzeit in Namibia bereits über 160 Wildtierfarmen gibt, die den Farmern bei weniger Arbeit und Kosten größeren Verdienst bringen. Eine Art Wiedergutmachung ökologischer Sünden ist als Nebeneffekt damit verbunden.

Angesichts wachsender Einschränkungen der Jagdmöglichkeiten für Ausländer in Afrika verbinden die Wildfarmer ihre Antilopenhege mit Jagdangeboten. Das Wild lebt in Farmgebieten von über 10 000 Hektar, also in Arealen, die mit der freien Wildbahn durchaus gleichzusetzen sind.

Der große Zustrom europäischer und auch amerikanischer Jäger bringt den Farmern einen beachtlichen Verdienst. Auf einer 10 000 Hektar großen Jagdfarm werden jährlich etwa 1 200 Springböcke und 300 Oryxantilopen erlegt, die über DM 100 000,– einbringen. Weil es viele Wildfarmen mit ausgezeichneter Wilddichte gibt und zur Hauptjagdzeit insgesamt täglich mehr als 300 Antilopen geschossen werden, entstanden Spezialfirmen, die mit modernen Gefrierfahrzeugen das erlegte Wild von den Farmern abholen und es direkt den Exportunternehmen zuführen.

Vorbild für die heutigen Wildtierfarmen waren die Straußenfarmen der Kapprovinz. Die heute noch bestehenden 350 Straußenfarmen sind zu einer landwirtschaftlichen Ge-

nossenschaft zusammengeschlossen. Die älteste Straußen-
farm wurde 1860 gegründet. Vor etwa 60 Jahren hatten die
Farmen einen Gesamtbestand von rund 700 000 Tieren und
exportierten jährlich 300 000 kg Straußenfedern. Obwohl
die Damenhutmode nicht mehr von Straußenfedern bestimmt wird, ist deren Export noch ein gutes Geschäft.

Die heutigen Straußenfarmen sind mit modernsten
Schlachthäusern ausgestattet und weisen einen Tierbestand
von 100 000 Tieren aus. Die Eier werden in Brutkästen aus-
gebrütet. Das delikate Fleisch wird in Dosen exportiert, und
die Haut in Italien zu „Reptilienleder" umgegerbt. Allein
die Verarbeitung der Haut bringt den Farmern jährlich bis
zu 12 Millionen DM.

So, wie in Afrika, entstanden und entstehen in vielen Län-
dern der Erde Wildtierfarmen verschiedenster Prägung. In
Österreich und in der Bundesrepublik gibt es Dam- und
Rotwildfarmen, in Neuseeland große Hirschfarmen, die
heute bereits die Schafzucht teilweise verdrängen. In der
Sowjetunion errichtete man Elchfarmen, in Peru Lama-
Farmen. In Lappland besteht die Rentierzucht seit Genera-
tionen. In neuester Zeit versucht man in Kanada, in den
USA und in Nordnorwegen in Farmen Moschusochsen zu
züchten, um die riesigen landwirtschaftlich nicht nutzbaren
Gebiete zu verwerten.

Die Frage, ob es sinnvoll ist, Wildtiere zu domestizieren, wie
es vor einigen tausend Jahren in der damals fruchtbaren Sahara geschah – altägyptische Reliefs weisen darauf hin –,
bleibt offen. Fachleute des Forstwesens, des Naturschutzes
und natürlich auch die Jäger lehnen eine reine Kommerziali-
sierung des Wildes ab.